新时代
全面深化改革十二讲

Twelve Lectures on
Comprehensively Deepening Reform in the New Era

秦强　乔如正　著

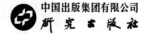
中国出版集团有限公司
研究出版社

图书在版编目 (CIP) 数据

新时代全面深化改革十二讲 / 秦强，乔如正著 . -- 北京：
研究出版社 , 2024. 8. -- ISBN 978-7-5199-1709-8

Ⅰ . D61

中国国家版本馆 CIP 数据核字第 2024X7C247 号

出 品 人：陈建军
出版统筹：丁　波
策划编辑：张立明
责任编辑：张立明

新时代全面深化改革十二讲

XINSHIDAI QUANMIAN SHENHUA GAIGE SHIER JIANG

秦　强　乔如正　著

研究出版社 出版发行

（100006　北京市东城区灯市口大街100号华腾商务楼）

北京新华印刷有限公司印刷　新华书店经销

2025年1月第1版　2025年1月第1次印刷

开本：710mm×1000mm　1/16　印张：13

字数：163千字

ISBN 978-7-5199-1709-8　定价：68.00元

电话（010）64217619　64217652（发行部）

目　录 Contents

前言　以更大政治勇气和智慧
进一步全面深化改革

　　改革开放是中华民族的强国之路，是坚持和发展中国特色社会主义的必由之路，是新时代共产党人最鲜明的实践品格。习近平总书记强调："改革开放是决定当代中国命运的关键一招，也是决定实现'两个一百年'奋斗目标、实现中华民族伟大复兴的关键一招。"[1] 全党全国各族人民要坚定不移走改革开放的强国之路，要更加注重改革的系统性、整体性、协同性，做到改革不停顿、开放不止步，为全面建设社会主义现代化国家、全面推进中华民族伟大复兴而团结奋斗。

　　党的十八大之后，中国的改革已经进入攻坚期和深水区，必须以更大的政治勇气和智慧，不失时机深化重要领域改革。2012 年 12 月 7 日，习近平同志当选中共中央总书记后的第一次出京考察专门选择了处于改革开放最前沿的广东。在广东考察工作时，习近平总书记强调，深化改革开放，要坚定信心、凝聚共识、统筹谋划、协

_____

〔1〕　习近平：《关于《〈中共中央关于全面深化改革若干重大问题的决定〉的说明》，《人民日报》2013 年 11 月 16 日。

同推进。实践发展永无止境，解放思想永无止境，改革开放也永无止境，停顿和倒退没有出路。我们要坚持改革开放正确方向，敢于啃硬骨头，敢于涉险滩，既勇于冲破思想观念的障碍，又勇于突破利益固化的藩篱。[1] 2013 年 11 月召开的党的十八届三中全会以研究全面深化改革重大问题为主题，开启了新时代全面深化改革、系统整体设计推进改革的新征程，开创了我国改革开放全新局面，具有划时代的意义。党的十八届三中全会以来，党和国家紧紧围绕经济、政治、文化、社会、生态文明、国防和军队、党的建设等主题主线，完善和发展中国特色社会主义制度，推进国家治理体系和治理能力现代化，改革开放事业取得了前所未有的重大突破和重大成就。在这个背景下，党中央开始从顶层设计的政治高度，统筹考虑全面深化改革的系统性、整体性、协同性，"中央全面深化改革领导小组"应运而生。

中央全面深化改革领导小组（以下简称中央深改小组）成立于 2013 年 12 月 30 日。中央深改小组由习近平总书记任组长，下设经济体制和生态文明体制改革、民主法制领域改革、文化体制改革、社会体制改革、党的建设制度改革、纪律检查体制改革 6 个专项小组。在成立之初，中央深改小组是改革的最高领导机构，具体负责改革总体设计、统筹协调、整体推进、督促落实，主要职责是研究确定经济体制、政治体制、文化体制、社会体制、生态文明体制和党的建设制度等方面改革的重大原则、方针政策、总体方案，统一部署全国性重大改革，统筹协调处理全局性、长远性、跨地区跨部门的重大改革问题，指导、推动、督促中央有关重大改革政策措施的组织落实。

随着全面深化改革的逐步推进，我国的各项改革纷纷进入"深水区"，改革面临着层层阻碍，经历着重重压力。在这种紧要关头，我们的改革进程不能有稍许的停顿、止步，否则我们不但不能享受到改革成

---

[1] 习近平：《论坚持全面深化改革》，中央文献出版社 2018 年版，第 2 页。

果，之前所取得的成就也有可能逐渐消失，而中央深改小组的成立则为改革增添了新的动力，提振了斗志。改革意味着变革创新，只要有改革，便难免会触及一些人的现有利益，触动既得利益格局，引起既得利益者的激烈反对，但"长痛不如短痛"，我们唯有以勇于自我革命的气魄、坚忍不拔的毅力推进改革，敢于向积存多年的顽瘴痼疾开刀，敢于触及深层次利益关系和矛盾，坚决冲破思想观念束缚，坚决破除利益固化藩篱，坚决清除妨碍社会生产力发展的体制机制障碍，敢于啃"硬骨头"、涉"险滩"、动"奶酪"，我们各项改革才会达到最好的效果。

改革是一项系统性、长期性工程，尤其是在当下各种利益和矛盾相互交织的情况下，人民更需要党带领大家披荆斩棘、奋勇前进。中央深改小组便是负责保证改革的设计、协调、推进和监督每一个环节的落实，从而有助于确保改革的系统性、整体性、协同性。以前，统筹各方面的改革主要由国家发展和改革委员会（以下简称国家发改委）来承担。作为国务院的一个职能机构，国家发改委在制定发展战略，进行宏观管理上发挥了重大作用。但是由于改革的复杂性和紧迫性，以及加强各项改革统筹协调的必要性，国家发改委在一些方面尤其是政策的制定上受到局限。相对而言，中央深改小组的成立更具权威性，能够保证改革的设计、协调、推进和监督每一个环节的落实，有助于确保改革的系统性、整体性、协同性。所以，习近平总书记在中央深改小组第一次会议上专门强调，中央全面深化改革领导小组的责任，就是要把各项改革措施落实到位。[1]

2018 年 3 月 20 日，党中央公布了《深化党和国家机构改革方案》。《方案》提出，为加强党中央对涉及党和国家事业全局的重大工作的集中统一领导，强化决策和统筹协调职责，将中央全面深化改革领导小组、中央网络安全和信息化领导小组、中央财经领导小组、中央外事工

---

[1]　习近平：《论坚持全面深化改革》，中央文献出版社 2018 年版，第 79 页。

作领导小组分别改为中央全面深化改革委员会、中央网络安全和信息化委员会、中央财经委员会、中央外事工作委员会，负责相关领域重大工作的顶层设计、总体布局、统筹协调、整体推进、督促落实。4 个委员会的办事机构分别为中央全面深化改革委员会办公室、中央网络安全和信息化委员会办公室、中央财经委员会办公室、中央外事工作委员会办公室。

2018 年 3 月 28 日，兼任中央全面深化改革委员会主任的习近平总书记主持召开中央全面深化改革委员会第一次会议并发表重要讲话。习近平总书记强调，深化党和国家机构改革全面启动，标志着全面深化改革进入了一个新阶段，改革将进一步触及深层次利益格局的调整和制度体系的变革，改革的复杂性、敏感性、艰巨性更加突出，要加强和改善党对全面深化改革统筹领导，紧密结合深化机构改革推动改革工作。[1] 会议审议通过了《中央全面深化改革委员会工作规则》《中央全面深化改革委员会专项小组工作规则》《中央全面深化改革委员会办公室工作细则》，标志着中央全面深化改革委员会正式步入新的发展进程，进入新的发展阶段。

把中央全面深化改革领导小组改为委员会，是健全党对重大工作领导体制机制的一项重要举措。中央全面深化改革委员会成立后的基本任务是完善科学领导和决策、有效管理和执行的体制机制，加强战略研究、统筹规划、综合协调、整体推进，加强对地方和部门工作的指导。各级党委要加强对改革工作的领导，强化组织协调能力，确保党中央改革决策部署落到实处。因此，由中央全面深化改革领导小组改为中央全面深化改革委员会，不仅仅是名称上的变化，更重要的是性质上的变

---

〔1〕《习近平主持召开中央全面深化改革委员会第一次会议强调　加强和改善党对全面深化改革统筹领导　紧密结合深化机构改革推动改革工作》，《人民日报》2018 年 03 月 29 日 01 版。

化。在性质上，中央全面深化改革领导小组是党的一个议事协调机构，不具有实体性的决策和综合管理职能。而改为中央全面深化改革委员会后，意味着已经由原来的议事协调机构性质变为常设性的决策协调实体机构，赋予了中央全面深化改革委员会更高的政治地位、更强的队伍人员和更实的改革权力，表明党中央以更大政治勇气和智慧进一步全面深化改革，坚决将改革进行到底的决心与魄力。

2024 年 7 月召开的党的二十届三中全会是在以中国式现代化全面推进强国建设、民族复兴伟业的关键时期召开的一次十分重要的会议。此次全会紧紧围绕推进中国式现代化、落实党的二十大战略部署来谋划进一步全面深化改革，全会通过的《中共中央关于进一步全面深化改革、推进中国式现代化的决定》，是在新的历史起点上推进全面深化改革向广度和深度进军的又一次总动员总部署，彰显了以习近平同志为核心的党中央将改革进行到底的坚强决心和强烈使命担当，是对新时代新征程举什么旗、走什么路的再宣示，是指导新征程上进一步全面深化改革的纲领性文件，既是党的十八届三中全会以来全面深化改革的实践续篇，也是新征程推进中国式现代化的时代新篇。

改革开放是党和人民事业大踏步赶上时代的重要法宝。从党的十一届三中全会到党的十八届三中全会，再到党的二十届三中全会，改革是不变的主题。习近平总书记指出，党的十一届三中全会是划时代的，开启了改革开放和社会主义现代化建设新时期。党的十八届三中全会也是划时代的，开启了新时代全面深化改革、系统整体设计推进改革新征程，开创了我国改革开放全新局面。[1] 党的二十届三中全会深入分析了推进中国式现代化面临的新情况新问题，科学谋划了围绕推进中国式现代化进一步全面深化改革的总体部署。党的二十届三中全会的召开，充

---

〔1〕《习近平主持召开中央全面深化改革委员会第六次会议强调　对标重要领域和关键环节改革　继续啃硬骨头　确保干一件成一件》，《人民日报》2019 年 01 月 24 日 01 版。

分彰显了我们党始终坚定不移走中国特色社会主义道路的战略定力，郑重宣示了我们党始终毫不动摇高举改革开放旗帜的坚定决心。当前和今后一个时期是以中国式现代化全面推进强国建设、民族复兴伟业的关键时期，必须自觉把改革摆在更加突出位置，紧紧围绕推进中国式现代化进一步全面深化改革，以进一步全面深化改革不断开辟中国式现代化的广阔前景。

第一讲　改革开放为什么行？

一、变革：从经济体制改革到全面深化改革

（一）1978年—2012年的经济体制改革

改革，是在坚持社会主义制度的前提下，自觉地调整和改革生产关系同生产力、上层建筑同经济基础之间不相适应的方面和环节，促进生产力的发展和各项事业的全面进步，更好地实现最广大人民群众的根本利益。开放，是加快我国现代化建设的必然选择，符合当今时代的特征和世界发展的大势，是必须长期坚持的一项基本国策。改革开放是当代中国命运的关键抉择，是发展中国特色社会主义和中华民族伟大复兴的必经之路，只有改革开放，才能发展中国，才能发展社会主义，才能发展马克思主义。

从总体上看，这一时期的改革开放历程大致可以划分为五个阶段：

第一阶段：改革开放的起步（1978年12月党的十一届三中全会至1984年10月《中共中央关于经济体制改革的决定》发表）。这一时期是中国社会主义改革的理论创新和思想准备阶段，改革首先在农村开始实施家

庭联产承包责任制并取得了显著成果，在城市从扩大企业自主权实行企业承包制入手，进行了综合和专项改革试点，取得了初步成效，积累了有益经验。其中最重要的成果是完成了指导思想上的三个转变：即从以阶级斗争为纲转变到以经济建设为中心，从封闭转变到扩大开放，从固守陈规转变到大胆改革。实施这三个具有全局意义的战略转变，这标志着中国进入了以改革、开放、发展和思想解放为鲜明特色的历史新时期。

第二阶段：改革开放的全面展开（1984 年 10 月中共中央作出《关于经济体制改革的决定》到 1988 年 9 月中共中央作出《关于治理经济环境整顿经济秩序全面深化改革的决议》）。这一时期，改革的重点从农村转移到城市，从经济领域扩展到政治领域、科技教育及其他社会生活领域。改革的深度和广度都较前一时期有显著进展，故称之为全面的改革探索阶段。

第三阶段：改革开放的曲折前进（1988 年 9 月中共中央作出治理整顿深化改革的决策到 1992 年邓小平南方谈话发表）。这一时期，从实践上看，是治理经济环境、整顿经济秩序、调整完善政策、为更健康地推进改革开放事业创造一个良好的社会经济环境。从理论上说，是总结十年改革经验，以便确立更加科学、更加全面的改革思路，使中国的改革事业更健康、更稳妥、更顺利地向前推进的时期。

第四阶段：改革开放的新阶段（1992 年初邓小平发表南方谈话至2002 年 10 月党的十六大召开）。这一时期，可以概括为：一篇谈话（就是邓小平南方谈话发表）、一部著作（就是《邓小平文选》第三卷出版）、一个重要决定（就是《中共中央关于建立社会主义市场经济体制若干问题的决定》）、一个战略规划（就是《中共中央关于制定国民经济和社会发展"九五"计划和 2010 年远景目标》）和两大理论成果（就是邓小平理论和"三个代表"重要思想），这一系列理论上的创新和实践中的探索，标志着中国改革开放进入了一个新的阶段、新的层次，即进入以建立和完善社会主义市场经济体制为核心内容的综合改革阶段，也就是攻坚阶段。

第五阶段：改革开放继续推进（2002年10月党的十六大至2012年11月党的十八大召开）。这一时期，以邓小平理论、"三个代表"重要思想、科学发展观为指导，顺应国内外形势发展变化，抓住重要战略机遇期，发扬求真务实、开拓进取精神，坚持理论创新和实践创新，着力推动科学发展、促进社会和谐，完善社会主义市场经济体制，在全面建设小康社会实践中坚定不移地把改革开放伟大事业继续推向前进。

党的十一届三中全会以来，中国共产党始终以改革开放为强大动力，在新中国成立以后取得成就的基础上，推动党和国家各项建设事业取得举世瞩目的新的伟大成就，建立和发展充满活力的社会主义市场经济等各方面的体制。新时期最突出的特点是改革开放，中国共产党对高度集中的计划经济体制和单一的所有制结构进行改革，形成公有制为主体、多种所有制经济共同发展的基本经济制度，建立和完善社会主义市场经济体制，形成按劳分配为主体、多种分配方式并存的分配制度，形成在国家宏观调控下市场对资源配置发挥基础性作用的经济管理制度。在不断深化经济体制改革的同时，不断深化政治体制、文化体制、社会体制以及其他各方面体制改革，不断形成和发展符合当代中国国情、充满生机活力的新的体制机制，为中国经济繁荣发展、社会和谐稳定提供了有力的制度保障。因此，党的十一届三中全会是划时代的，开启了改革开放和社会主义现代化建设新时期。

（二）党的十八大以来的全面深化改革

党的十一届三中全会以后，我国改革开放走过波澜壮阔的历程，取得举世瞩目的成就。进入新时代后，随着实践发展，一些深层次体制机制问题和利益固化的藩篱日益显现，改革进入攻坚期和深水区。我们深刻认识到，实践发展永无止境，解放思想永无止境，改革开放也永无止境，改革只有进行时、没有完成时，停顿和倒退没有出路，必须以更大的政治勇气和智慧推进全面深化改革，敢于啃硬骨头，敢于涉险滩，突出制度建设，注重改革关联性和耦合性，真枪真刀推进改革，有效破除各方面体制机制弊端。

2012 年 11 月 8 日，党的十八大明确指出，改革开放是坚持和发展中国特色社会主义的必由之路，改革开放是全党的共识，停顿和倒退没有出路。党的十八大为进一步深化改革扩大开放吹响了新号角。我们党在新的历史起点上，更加坚定有力地推进改革开放的伟大实践。在党的十八大确立的改革开放格局基础上，2013 年 11 月 12 日，中国共产党第十八届中央委员会第三次全体会议通过了《中共中央关于全面深化改革若干重大问题的决定》，提出了全面深化改革的指导思想、目标任务、重大原则，描绘了全面深化改革的新蓝图、新愿景、新目标，合理布局了深化改革的战略重点、优先顺序、主攻方向、工作机制、推进方式和时间表、路线图，汇集了全面深化改革的新思想、新论断、新举措，是我们党在新的历史起点上全面深化改革的科学指南和行动纲领。党的十八届三中全会是划时代的，实现改革由局部探索、破冰突围到系统集成、全面深化的转变，开创了我国改革开放新局面。为了更加突显改革的重要性，我们党将"全面深化改革"纳入"四个全面"战略布局，与全面建成小康社会（全面建设社会主义现代化国家）、全面深化改革、全面依法治国、全面从严治党一同作为我们党治国理政的基本方略。

2017 年 10 月 18 日，党的十九大提出，坚持全面深化改革，必须坚持和完善中国特色社会主义制度，不断推进国家治理体系和治理能力现代化，坚决破除一切不合时宜的思想观念和体制机制弊端，突破利益固化的藩篱，吸收人类文明有益成果，构建系统完备、科学规范、运行有效的制度体系，充分发挥我国社会主义制度优越性。

2022 年 10 月 16 日，党的二十大提出，我们以巨大的政治勇气全面深化改革，打响改革攻坚战，加强改革顶层设计，敢于突进深水区，敢于啃硬骨头，敢于涉险滩，敢于面对新矛盾新挑战，冲破思想观念束缚，突破利益固化藩篱，坚决破除各方面体制机制弊端，各领域基础性制度框架基本建立，许多领域实现历史性变革、系统性重塑、整体性重构，新一轮党和国家机构改革全面完成，中国特色社会主义制度更加成熟更加定型，国家治理体系和治理能力现代化水平明显提高。

2024 年 7 月 15 日至 18 日，备受瞩目的二十届三中全会召开。全会提出，当前和今后一个时期是以中国式现代化全面推进强国建设、民族复兴伟业的关键时期。中国式现代化是在改革开放中不断推进的，也必将在改革开放中开辟广阔前景。面对纷繁复杂的国际国内形势，面对新一轮科技革命和产业变革，面对人民群众新期待，必须继续把改革推向前进。改革开放只有进行时，没有完成时，必须自觉把改革摆在更加突出位置，紧紧围绕推进中国式现代化进一步全面深化改革。全会锚定二〇三五年基本实现社会主义现代化目标，从经济、政治、文化、社会、生态文明、国家安全、国防和军队等方面，深入分析了推进中国式现代化面临的新情况新问题，科学谋划了围绕推进中国式现代化进一步全面深化改革的总体部署，重点部署未来五年的重大改革举措，为中国式现代化提供强大动力和制度保障。

改革开放以来，我们党始终坚持改革正确方向，以促进社会公平正义、增进人民福祉为出发点和落脚点，突出问题导向，聚焦进一步解放思想、解放和发展社会生产力、解放和增强社会活力，加强顶层设计和整体谋划，增强改革的系统性、整体性、协同性，激发人民首创精神，推动重要领域和关键环节改革走实走深，各领域基础性制度框架基本确立。

二、成就：创造了经济快速发展与社会长期稳定的奇迹

　　1978 年 12 月 18 日—22 日召开的党的十一届三中全会，是新中国成立以来党的历史上具有深远意义的伟大转折，揭开了党和国家发展的新篇章。从 40 多年改革开放的伟大实践当中，可以总结出促使中国的改革开放事业获得巨大成功的基本经验，可以探知能够继续指导中国的改革开放事业向前推进的重要启示。在新时代，我们仍需要继续努力，准确把握新的历史时期的改革难点和重点，解放思想、深化探索，确保中国的改革开放事业从胜利走向胜利。习近平总书记指出，改革开放是当代中国最鲜明的特色，是我们党在新的历史时期最鲜明的旗帜。[1] 改革开放是决定当代中国命运的关键抉择，是党和人民事业大踏步赶上时代的重要法宝。[2] 从 1978 年党的十一届三中全会召开到现在，改革开放已经走过了 40 多年的发展历程。40 多年来，中国共产党坚持社会主义初级阶段的基本路线不动摇，根据世情、国情、党情的新情况、新变化，对经济基础和上层建筑进行完善和调整，走出了一条中国特色社会主义现代化道路。回顾风雨兼程的 40 多年，改革开放所取得的重大成就，激励我们继续推进改革开放向纵深方向发展，使改革开放的伟大决策在新时代的中国为中华民族的伟大复兴持续发力。

（一）经济快速发展与社会长期稳定的奇迹

1. 经济实力实现历史性跃升

　　改革开放打破了传统的计划经济体制对劳动要素、资本要素、技术要素等各种生产要素的束缚，提高了劳动生产率、资本生产率和全要素

---

〔1〕　习近平：《论坚持全面深化改革》，中央文献出版社 2018 年版，第 42 页。
〔2〕　习近平：《在庆祝中国共产党成立 95 周年大会上的讲话》，《求是》2021 年第 08 期。

生产率，推动中国经济实现了前所未有的长时期高速增长，成为世界第二大经济体。1978—2017 年中国经济年均增长 9.5%，远高于改革开放前 1953—1978 年 6.1% 的年均增速，相当于同期世界经济年均增速的 3 倍多。1978 年中国 GDP 只有 3679 亿元，2017 年达到 827122 亿元，增加了 223.8 倍，剔除价格因素，增加了 33.5 倍。根据世界银行数据，1978 年中国 GDP 仅为 1495 亿美元，占世界 GDP 的比重仅为 1.77%；2017 年达到 122377 亿美元，占世界 GDP 的比重达到 15.17%。2000 年中国 GDP 超过意大利居世界第 6 位，2005 年超过法国居第 5 位，2006 年超过英国居第 4 位，2007 年超过德国居第 3 位，2010 年超过日本居第 2 位。2016 年，中国 GDP 已经相当于第一名美国的 60.1%，相当于第三名日本的 2.67 倍，相当于第四名德国的 3.22 倍，相当于第五名英国的 4.22 倍。中国经济规模不断壮大。

特别是进入新时代以来，经济实力实现历史性跃升，国内生产总值从 54 万亿元增长到 114 万亿元，我国经济总量占世界经济的比重达 18.5%，提高 7.2%，稳居世界第 2 位；人均国内生产总值从 39800 元增加到 81000 元。基础研究和原始创新不断加强，一些关键核心技术实现突破，战略性新兴产业发展壮大，科技创新取得重大成果，进入创新型国家行列。

2. 人民生活水平显著提升

1978 年全国居民人均可支配收入仅为 171 元，2017 年达到 25974 元，增加了 150.9 倍，剔除价格因素，增加了 22.8 倍。1978 年全国居民人均消费支出 184 元，2017 年达到 22902 元，增加了 123.5 倍，剔除价格因素，增加了 18.3 倍。在消费规模迅速增长的同时，消费品质不断提升，汽车等交通工具，手机等通讯工具，彩电、冰箱、洗衣机、空调等日常耐用消费品，这些改革开放前绝大多数家庭不曾奢望的产品成为许多家庭，特别是许多城市居民家庭的生活必需品。

特别是进入新时代以来，我们打赢了人类历史上规模最大的脱贫攻坚战，全国 832 个贫困县全部摘帽，近一亿农村贫困人口实现脱贫，九百六十多万贫困人口实现易地搬迁，历史性地解决了绝对贫困问题，为全球减贫事业作出了重大贡献。随着经济的迅速发展，人民生活水平显著提升。我们深入贯彻以人民为中心的发展思想，在幼有所育、学有所教、劳有所得、病有所医、老有所养、住有所居、弱有所扶上持续用力，人民生活全方位改善。人民群众获得感、幸福感、安全感更加充实、更有保障、更可持续，共同富裕取得新成效。

3. 坚决维护国家安全和社会稳定

国家安全是民族复兴的根基，社会稳定是国家强盛的前提。我们必须坚定不移贯彻总体国家安全观，把维护国家安全贯穿党和国家工作各方面全过程，确保国家安全和社会稳定。进入新时代以来，我们贯彻总体国家安全观，国家安全领导体制和法治体系、战略体系、政策体系不断完善，在原则问题上寸步不让，以坚定的意志品质维护国家主权、安全、发展利益，国家安全得到全面加强。共建共治共享的社会治理制度进一步健全，民族分裂势力、宗教极端势力、暴力恐怖势力得到有效遏制，扫黑除恶专项斗争取得阶段性成果，有力应对一系列重大自然灾害，平安中国建设迈向更高水平。

（二）改革开放推动中国实现的重大转变

改革开放是我们党的历史上一次伟大觉醒，正是这个伟大觉醒孕育了新时期从理论到实践的伟大创造。40 多年的改革开放所取得的重大成就，主要是体现在它推动我国实现或正在实现的重大转变。

一是改革开放推动了"以阶级斗争为纲"向以经济建设为中心的转变。1978 年 5 月开展的真理标准问题大讨论，从思想理论上否定了"两个凡是"，号召人们彻底打破思想枷锁，把实践作为检验真理的唯一标准。在"解放思想、实事求是"的思想基础上，1978 年 12 月，党的十一届三中全会抛弃了"以阶级斗争为纲"，把党和国家工作中心转移到经济建设上来。正是由于有了这个转变，才可能改变传统计划经济体制，改变封闭半封闭的状况，进而迎来整个国家的发展进步。"解放思想、实事求是"作为改革开放的思想内核，为我国的发展进步提供了不竭的思想理论活力源泉。

二是改革开放推动了从计划经济向市场经济的转变。今天，我们已经彻底告别了由国家计划统配社会资源的时代，市场繁荣、产品丰富。党的十一届三中全会之后，改革就在农村和局部地区铺开，农村生产力迅速得到解放，农产品日渐丰富，但城市经济因延续计划管理体制未见大的起色。1984 年 10 月，党的十二届三中全会通过了《中共中央关于经济体制改革的决定》，提出社会主义经济是公有制为基础的有计划的商品经济。这是经济体制改革的重大突破。此后，经过不懈探索，1992 年党的十四大明确了建立社会主义市场经济体制的改革目标。1993 年党的十四届三中全会通过了《中共中央关于建立社会主义市场经济体制若干问题的决定》，提出了构成社会主义市场经济体制基本框架的 5 个主要环节：建立产权清晰、权责明确、政企分开、管理科学的现代企业制度；建立全国统一开放的市场体系；建立以间接手段为主的宏观调控体系；建立以按劳分配为主体的收入分配制度，鼓励一部分地区一部分人先富起来，走共同富裕的道路；建立多层次的社会保障制度。之后 10 年的改革开放，就是以这 5 项工作为中心，推动了我国的发展进步。党的十六届三中全会提出了完善社会主义市场经济体制的战略任务。党的十八届三中全会历史性地提出了使市场在资源配置中起决定性作用。从计划经济转向社会主义市场经济，是我们党的伟大创举，为发展中国特色社会主义奠定了经济基础。

三是改革开放推动中国从闭关锁国转向全方位开放。改革开放之前，我国各项工作中长期存在一种"左"的偏见，盲目自信，唯我独尊，排斥国外好的做法和经验，使我国经济管理、技术进步、产业发展等很多方面严重落后于发达国家。党的十一届三中全会开启了对外开放的历史新时期。1979 年初，国务院决定设立蛇口工业区。同年 7 月，中央批准广东、福建两省对外经济活动实行特殊政策和灵活措施。1980 年，全国人大常委会批准在深圳、珠海、汕头、厦门设立经济特区，按照市场取向进行改革探索。1984 年，国务院决定大连等 14 个沿海港口城市进一步对外开放。1985 年，中央决定在长江三角洲、珠江三角洲和福建厦漳泉三角地区开辟沿海经济开放区。1988 年海南成为经济特区。1990 年中央推进形成了以上海浦东为龙头的长江流域开放带。这一阶段的对外开放，引进了大量国外资金、技术和先进管理经验，使国内商品市场丰富和繁荣起来，使市场因素在整个经济中的比重大幅上升，有力冲击了计划经济的樊篱，为社会主义市场经济体制的确立作出了重大贡献。1992 年，邓小平同志南方谈话之后，对外开放步伐进一步扩大，由沿海地区迅速向内陆腹地拓展。2001 年底，我国加入世界贸易组织，对外开放进入一个新阶段，在 2011 年度全球排名就上升至第二位，并连续 20 余年位居发展中国家首位。党的十八大以来，对外开放水平进一步提升，中国经济不仅仅再局限于引进来，更拓展到了走出去的高度，"一带一路"倡议的提出、亚投行的设立、G20 杭州峰会的召开都表明，中国在国际经贸体系中的地位越来越突出。改革推动了开放，开放也在倒逼改革。以加入世界贸易组织为契机，为使国内经济制度与国际贸易规则接轨，中央政府部门清理各种法律法规和部门规章 2300 多件，地方政府共清理地方性政策和法规 19 万多件，使涉外经济法律法规与加入世贸组织承诺相一致。一些长期难以突破的顽疾在这个过程中被顺利克服，社会主义市场经济因而得到进一步完善，经济社会迸发出更大活力。

　　四是改革开放推动国家从人治走向法治。我国有着两千多年的封建人治传统，坚定走依法治国道路、建设社会主义法治国家，这是巨大的历史进步。党的十一届三中全会开启改革开放时，邓小平同志就在总结历史教训的基础上指出："为了保障人民民主，必须加强法制。必须使民主制度化、法律化，使这种制度和法律不因领导人的改变而改变，不因领导人的看法和注意力的改变而改变。"[1] 在党的十四大明确建立社会主义市场经济体制改革目标后，依法治国的要求更加迫切，因为市场经济必须是法治经济。正是顺应这一历史发展潮流，党的十五大把依法治国、建设社会主义法治国家作为党领导人民治理国家的基本方略郑重地提了出来，并把过去"建设社会主义法制国家"的提法改为"建设社会主义法治国家"，极其鲜明地突出了法治的理念。1999 年 3 月，全国人大对宪法进行了修改，明确规定："中华人民共和国实行依法治国，建设社会主义法治国家。"2012 年党的十八大进一步强调，依法治国是党领导人民治理国家的基本方略，法治是治国理政的基本方式，要更加注重发挥法治在国家治理和社会管理中的作用，全面推进依法治国，加快建设社会主义法治国家。党的十八届四中全会通过了《中共中央关于全面推进依法治国若干重大问题的决定》，对全面推进依法治国作出重大部署，强调把法治作为治国理政的基本方式，体现了党和国家对法治前所未有的重视和推动。

三、启示：在改革开放的时代潮流中前进发展

（一）大力弘扬伟大改革开放精神

2018 年 12 月 18 日，习近平总书记在庆祝改革开放 40 周年大会上

---

〔1〕《邓小平文选》（第二卷），人民出版社 1983 年版，第 146 页。

发表重要讲话强调，我们党作出实行改革开放的历史性决策，是基于对党和国家前途命运的深刻把握，是基于对社会主义革命和建设实践的深刻总结，是基于对时代潮流的深刻洞察，是基于对人民群众期盼和需要的深刻体悟。改革开放是中国人民和中华民族发展史上一次伟大革命，正是这个伟大革命推动了中国特色社会主义事业的伟大飞跃。

习近平总书记从理论创新、经济建设、政治建设、文化建设、社会建设、生态文明建设、国防和军队建设、祖国统一、外交工作、党的建设等方面总结了改革开放的伟大成就。40年来取得的成就不是天上掉下来的，更不是别人恩赐施舍的，而是全党全国各族人民用勤劳、智慧、勇气干出来的。我们用几十年时间走完了发达国家几百年走过的工业化历程。在中国人民手中，不可能成为了可能。我们为创造了人间奇迹的中国人民感到无比自豪、无比骄傲。改革开放40年积累的宝贵经验是党和人民弥足珍贵的精神财富，对新时代坚持和发展中国特色社会主义有着极为重要的指导意义，必须倍加珍惜、长期坚持，在实践中不断丰富和发展。一是必须坚持党对一切工作的领导，不断加强和改善党的领导，深刻领悟"两个确立"的决定性意义，增强"四个意识"、坚定"四个自信"、做到"两个维护"，确保改革开放这艘航船沿着正确航向破浪前行。二是必须坚持以人民为中心，不断实现人民对美好生活的向往，顺应民心、尊重民意、关注民情、致力民生，让人民共享改革开放成果，激励人民更加自觉地投身改革开放和社会主义现代化建设事业。三是必须坚持马克思主义指导地位，不断推进实践基础上的理论创新，及时回答时代之问、人民之问，不断开辟马克思主义发展新境界。四是必须坚持走中国特色社会主义道路，不断坚持和发展中国特色社会主义，牢牢把握改革开放的前进方向。五是必须坚持完善和发展中国特色社会主义制度，不断发挥和增强我国制度优势，推动中国特色社会主义制度更加成熟更加定型。六是必须坚持以发展为第一要务，不断增强我国综合国力，推动经济社会持续健康发展，为坚持和发展中国特色社会主义、实现中华民族伟大复兴奠定雄厚物质基础。七是必须坚持扩大开放，不断推动共建人类命运共同体，高举和平、发展、合作、共赢的旗帜，维护国际公平正义，倡导国际关系民主化，积极参与全球治理体系改革和建设，促进贸易投资自由化便利化。八是必须坚持全面从严治党，不断提高党的创造力、凝聚力、战斗力，不断增强党的政治领导力、思想引领力、群众组织力、社会号召力，坚决清除一切腐败分子，确保党始终保持同人民群众的血肉联系。九是必须坚持辩证唯物主义和历史唯物主义世界观和方法论，坚持问题导向，正确处理改革发展稳定关系，既鼓励大胆试、大胆闯，又坚持实事求是、善作善成，确保改革开放行稳致远。[1]

伟大事业铸就伟大精神，伟大精神推进伟大事业。习近平总书记在庆祝改革开放 40 周年大会上的重要讲话中强调："改革开放铸就的伟大改革开放精神，极大丰富了民族精神内涵，成为当代中国人民最鲜明的精神标识"。[2] 伟大改革开放精神，是当代中国共产党人精神的结晶，是当代中华民族精神的升华，是当代中国人民精神的标识，是中国共产党人精神谱系的璀璨光谱，凝聚了中华民族砥砺奋进的磅礴伟力，为新时代全面深化改革开放注入了强大的精神动力。改革开放精神是中国共产党在改革开放实践、探索和发展中国特色社会主义事业这一特定的历史时期中所形成的精神品格。开拓创新、勇于担当的精神品格。创新是改革开放的生命。开放包容、兼容并蓄的精神品格。开放既是改革的一项重要内容，也是推进改革的一种方式，旨在敞开国门向世界学习一切先进理念、技术和管理，借鉴人类文明一切优秀成果。改革开放精神是中国共产党战胜各种困难、不断取得胜利的宝贵精神财富。

---

〔1〕 习近平：《在庆祝改革开放 40 周年大会上的讲话》，《人民日报》2018 年 12 月 19 日。
〔2〕 习近平：《在庆祝改革开放 40 周年大会上的讲话》，《人民日报》2018 年 12 月 19 日。

（二）新时代全面深化改革的科学指南和根本遵循

改革开放是党在新的时代条件下带领全国各族人民进行的新的伟大革命，是当代中国最鲜明的特色。党的十一届三中全会召开 40 多年来，我们党以巨大的政治勇气，锐意推进经济体制、政治体制、文化体制、社会体制、生态文明体制和党的建设制度改革，不断扩大开放，决心之大、变革之深、影响之广前所未有，成就举世瞩目。改革开放最主要的成果是开创和发展了中国特色社会主义，为社会主义现代化建设提供了强大动力和有力保障。事实证明，改革开放是决定当代中国命运的关键抉择，是党和人民事业大踏步赶上时代的重要法宝。实践发展永无止境，解放思想永无止境，改革开放永无止境。面对新形势新任务，全面建成富强民主文明和谐美丽的社会主义现代化强国、实现中华民族伟大复兴的中国梦，必须在新的历史起点上全面深化改革，不断增强中国特色社会主义道路自信、理论自信、制度自信、文化自信。

党的十八大以来，中国特色社会主义进入了新时代，改革开放也进入了新时代。2012 年 12 月，习近平同志担任中共中央总书记后，在广东深圳前海考察时讲话指出，"我国改革已经进入攻坚期和深水区"，呼吁全党上下"敢于啃硬骨头，敢于涉险滩""做到改革不停顿、开放不止步"[1] 2013 年 4 月召开的中央政治局会议决定以一次中央全会专题讨论全面深化改革问题。习近平总书记亲任党的十八届三中全会文件起草组组长。通过半年多的征求意见、专题讨论、调查研究和反复修改，《中共中央关于全面深化改革若干重大问题的决定（草案）》正式形成，并在党的全会上获得全票通过。党的十八届三中全会后，习近平总书记亲自担任中央全面深化改革领导小组组长，既挂帅又出征，对改革整体布局、重大问题、关键环节作出一系列重要指示，在实践中进一步丰富

---

〔1〕　习近平：《论坚持全面深化改革》，中央文献出版社 2018 年版，第 1 页。

和发展了改革认识论和方法论，逐步形成并确立了习近平总书记关于全面深化改革的新思想、新观点、新论断。

习近平总书记关于全面深化改革的重要论述，涉及改革开放的历史地位、前进方向、基本原则、总体格局、实施重点以及方法论等等，是一个层次分明、系统完整、逻辑严密的理论体系，科学回答了在中国特色社会主义新时代为什么要全面深化改革、怎样全面深化改革等一系列重大理论和实践问题，丰富和发展了中国特色社会主义改革理论。在内容上，明确了新的历史条件下全面深化改革的关键地位和重要作用，提出改革开放是决定当代中国命运的关键一招，也是决定实现"两个一百年"奋斗目标、实现中华民族伟大复兴的关键一招；坚定了全面深化改革的方向和道路，提出我们的改革是在中国特色社会主义道路上不断前进的改革，既不走封闭僵化的老路，也不走改旗易帜的邪路；确立了全面深化改革的总目标和价值取向，提出要完善和发展中国特色社会主义制度，推进国家治理体系和治理能力现代化，以促进社会公平正义、增进人民福祉为改革出发点和落脚点；谋划了全面深化改革的科学路径和有效方法，形成了改革开放以来最为丰富、全面、系统的改革方法论；厘清了改革发展稳定等重大关系，把抓改革落实同落实"五位一体"总体布局、"四个全面"战略布局、贯彻新发展理念、推动高质量发展结合起来，同抓经济发展、社会稳定、民生改善、党的建设等工作结合起来，用改革带动和推动各项工作。

习近平总书记关于全面深化改革的新思想、新观点、新论断贯穿着非凡的政治勇气、深厚的人民情怀、深邃的历史眼光、宽广的国际视野、科学的辩证思维、强烈的创新精神，既是改革实践的重要经验总结，也是改革理论的重大创新，科学回答了为什么改、为谁改、怎么改等重大理论和实践问题，把中国特色社会主义改革理论推进到新的广度和深度，为新时代全面深化改革提供了强大的思想和理论武器。其核心要义是：

一是狠抓落实，持续提升群众的改革获得感。2016 年 4 月 18 日，习近平总书记在中央全面深化改革领导小组第二十三次会议上讲话指出："老百姓关心什么、期盼什么，改革就要抓住什么、推进什么，通过改革给人民群众带来更多获得感。"人民群众是中国共产党的力量源泉，人民立场是中国共产党的根本政治立场。党的十八大以来，以习近平同志为核心的党中央始终秉持以人民为中心的发展思想，以造福人民为最大政绩，从群众最关心的问题入手，把民生疾苦放在心头，把改革发展责任扛在肩上，一大批惠民举措落地实施，推动发展成果更多更公平惠及全体人民；始终把人民利益摆在至高无上的地位，顺应我国社会主要矛盾已经发生历史性变化的实践要求，着力解决我国社会发展不平衡不充分的问题，在更高水平上不断满足人民群众日益增长的美好生活需要。在新的历史起点上，推进全面深化改革，就要以习近平新时代中国特色社会主义思想为指导，围绕人民群众的改革获得感，狠抓落实、真抓实干，在全民共享、全面共享、共建共享、渐进共享中，不断实现好、维护好、发展好最广大人民的根本利益，汇聚起磅礴的改革民心民力。

二是驾驭风险，推动经济社会健康发展。当前我们面临的重大风险，既包括国内的经济、政治、意识形态、社会风险以及来自自然界的风险，也包括国际经济、政治、军事风险等。我们必须把防风险摆在突出位置，"图之于未萌，虑之于未有"，力争不出现重大风险或在出现重大风险时扛得住、过得去。今后，我们要牢牢坚持解放和发展社会生产力，坚持社会主义市场经济改革方向，坚决推动经济持续健康发展。要始终把人民的利益摆在至高无上的地位，让改革发展成果更多更公平惠及全体人民，筑牢防范风险的人心根基。

三是盯住重点，正确处理政府和市场关系。40 多年来中国改革开放取得辉煌成就的重要原因是在社会主义制度下发展市场经济，不断理顺政府和市场的关系。我们要更加注重使市场在资源配置中起决定性作用，重视和善于激发微观主体活力。更好发挥政府作用，要在保证市场发挥决定性作用的前提下，管好那些市场管不了或管不好的事情。处理好政府和市场的关系，关键在政府。今后要进一步划清政府和市场的边界，凡属市场能解决的，政府要简政放权、松绑支持，不要干预；凡属市场不能有效解决的，政府应当主动补位，该管的要坚决管、管到位、管出水平。

四是牢记使命，充分发挥"关键少数"的关键作用。党员干部是推进全面深化改革的关键力量。党的十八大以来，习近平总书记反复强调党员领导干部特别是党政主要负责同志抓改革的责任，通过一系列决策部署和制度设计，不断压实党员干部肩上深化全面改革的担子。同时，习近平总书记高度重视保障和调动党员干部的改革积极性，特别是2018年5月，中央专门印发《关于进一步激励广大干部新时代新担当新作为的意见》，确立了明确的导向，强调要为改革创新和奋发有为的领导干部解除后顾之忧，必将进一步激发和调动党员干部的改革积极性主动性。作为党员领导干部，就要不忘初心、牢记使命，以对党忠诚、为党分忧、为党尽职、为民造福的政治担当，满怀激情地投入到新时代改革开放的伟大实践中，在其位、谋其政、干其事、求其效，以时不我待、只争朝夕、勇立潮头的历史担当，努力改革创新、攻坚克难、锐意进取，努力作出无愧时代、无愧人民、无愧历史的业绩。

回望改革开放40多年伟人征程，中国收获的最珍贵的经验和启示就是："一个国家、一个民族要振兴，就必须在历史前进的逻辑中前进、在时代发展的潮流中发展。"[1] 中国进行改革开放，顺应了中国人民要发展、要创新、要美好生活的历史要求，契合了世界各国人民要发展、

---

[1]　习近平：《论坚持全面深化改革》，中央文献出版社2018年版，第457页。

要合作、要和平生活的时代潮流。改革开放只有进行时、没有完成时。我们坚信在习近平新时代中国特色社会主义思想指导下，在以习近平同志为核心的党中央坚强领导下，中国改革开放一定能够劈波斩浪，不断赢得新的成功、取得新的胜利。

第二讲　改革开放是中国的第二次革命

一、决定当代中国命运的关键一招

2018 年 4 月 10 日，习近平总书记在博鳌亚洲论坛 2018 年年会开幕式发表主旨演讲时深刻指出："改革开放这场中国的第二次革命，不仅深刻改变了中国，也深刻影响了世界。"[1] 中国共产党领导中国人民在中国现代史上开展了两次伟大的社会革命。以新民主主义革命和社会主义革命为主要内容的中国革命是第一次社会革命，使社会生产力从根本上、制度上得到彻底的解放，奠定了社会主义物质经济基础。改革开放是第二次社会革命，使我国生产力水平极大提升，人民生活显著改善，中国实现了由"追赶世界"到"引领世界"的伟大转变。

改革开放 40 多年来，我们党团结带领全国各族人民，经历了我国历史上最为广泛而深刻的社会变革，推进了我们党历史上一次新的伟大自我革命，进行了人类历史上最为宏大而独特的实践创新，谱写了中华民族自

[1] 习近平：《开放共创繁荣　创新引领未来》，《人民日报》2018 年 04 月 11 日。

强不息、顽强奋进新的壮丽史诗。改革开放既是我们党自觉领导的社会革命，又是一场党的自我革命。中国共产党要永葆活力，就必须在领导和推动改革开放新的社会革命进程中不断进行自我革命，不断增强自我净化、自我完善、自我革新、自我提高的能力。

党的十一届三中全会以来，我国改革开放走过波澜壮阔的历程，取得举世瞩目的成就。随着实践发展，一些深层次体制机制问题和利益固化的藩篱日益显现，改革进入攻坚期和深水区。我们深刻认识到，实践发展永无止境，解放思想永无止境，改革开放也永无止境，改革只有进行时、没有完成时，停顿和倒退没有出路，必须以更大的政治勇气和智慧推进全面深化改革，敢于啃硬骨头，敢于涉险滩，突出制度建设，注重改革关联性和耦合性，真枪真刀推进改革，有效破除各方面体制机制弊端[1]。

党的十九大向全党全国发出了全面深化改革新的宣言书、新的动员令，号召全党全国各族人民要坚定不移走改革开放的强国之路，更加注重改革的系统性、整体性、协同性，做到改革不停顿、开放不止步，为全面建成小康社会、加快推进社会主义现代化而团结奋斗。党的二十大进一步提出，深入推进改革创新，坚定不移扩大开放，着力破解深层次体制机制障碍，不断彰显中国特色社会主义制度优势，不断增强社会主义现代化建设的动力和活力，把我国制度优势更好转化为国家治理效能。

2012 年 12 月 7 日至 11 日，习近平总书记在广东考察工作时讲话指出，我们要坚持改革开放正确方向，敢于啃硬骨头，敢于涉险滩，既勇于冲破思想观念的障碍，又勇于突破利益固化的藩篱[2]。冲破思想观念

---

[1] 《中共中央关于党的百年奋斗重大成就和历史经验的决议》，《人民日报》2021 年 11 月 17 日。

[2] 习近平：《论坚持全面深化改革》，中央文献出版社 2018 年版，第 2 页。

的障碍、突破利益固化的藩篱，解放思想是首要的。在深化改革问题
上，一些思想观念障碍往往不是来自体制外而是来自体制内。思想不解
放，我们就很难看清各种利益固化的症结所在，很难找准突破的方向和
着力点，很难拿出创造性的改革举措。因此，一定要有自我革新的勇气
和胸怀，跳出条条框框限制，克服部门利益掣肘，以积极主动精神研究
和提出改革举措。改革是一场深刻的革命，它不仅有思想观念的碰撞，
更涉及人们之间利益关系的调整，因此需要巨大的勇气和决心。改革开
放 40 多年来，在改革中形成的利益关系，出现了固化现象。特别是有
些利用市场经济还不完善、法制还不健全的漏洞而获得既得利益的群
体，不希望调整利益关系，这就成了改革的现实障碍。今天，在新的历
史起点上，需要我们敢于迎难而上，冲破一个个利益固化的藩篱和险
滩，让改革与发展成果更多、更公平地惠及全体人民。

　　我国是一个发展中大国，仍处于社会主义初级阶段，正在经历广泛
而深刻的社会变革，推进改革发展、调整利益关系往往牵一发而动全
身。改革开放 40 多年来，中国取得了举世瞩目的成就。因为我们不仅
确定了正确的发展方向，而且制订了可行的路线图，那就是先易后难，
走"渐进式"的、"摸着石头过河"的改革道路，在继承中发展，在发
展中创新，而不是像苏联和有些东欧国家那样，经济改革搞所谓"休克
疗法"。这样，我国在进行改革的同时，既保持了社会必要的稳定，又
有力地促进了经济繁荣和社会进步。但是，随着改革的深化，这种改革
方式不可避免地遇到了瓶颈："容易的、皆大欢喜的改革已经完成了，
好吃的肉都吃掉了，剩下的都是难啃的硬骨头"[1] 浅滩中可以摸到的
石头，也都被摸得差不多了，剩下来的，都是长期积累下来的深层次矛
盾，也就是改革已进入深水区或险滩。同时，我们的发展步伐越是快，
取得的成就越是大，人民群众的期待就越多，要求也越高。所有这些，

---

[1]　习近平：《论坚持全面深化改革》，中央文献出版社 2018 年版，第 84 页。

都在考验我们进一步深化改革的勇气和智慧。因此，形势的紧迫性，要求我们"敢于啃硬骨头，敢于涉险滩"，回应时代的召唤和人民的呼声。

二、改革开放是当代中国最鲜明的特色

党的十八大以来，以习近平同志为核心的党中央高举改革开放旗帜，以更大的政治勇气和政治智慧推进改革，用全局观念和系统思维谋划改革，推动新一轮改革大潮涌起。党的十八届三中全会对全面深化改革进行总体部署，吹响了改革开放新的进军号。之后，各领域改革不断提速，改革举措出台的数量之多、力度之大前所未有，呈现全面发力、多点突破、蹄疾步稳、纵深推进的良好态势。

改革是一个国家、一个民族的生存发展之道。回顾改革开放以来的历程，每一次重大改革都给党和国家发展注入新的活力、给事业前进增添强大动力，党和人民的事业在不断深化改革中波浪式向前推进。实践充分证明，改革开放是当代中国最鲜明的特色，也是当代中国共产党人最鲜明的品格。2013 年 11 月 15 日，习近平总书记在党的十八届三中全会上强调："改革开放是决定当代中国命运的关键一招，也是决定实现'两个一百年'奋斗目标、实现中华民族伟大复兴的关键一招。"[1] 2016 年 10 月 21 日，习近平总书记在纪念红军长征胜利 80 周年大会上的讲话再次强调："改革是决定当代中国命运的关键一招，我们必须坚定不移高举改革旗帜，坚决冲破思想观念束缚，坚决破除利益固化藩篱，坚决清除妨碍生产力发展和社会进步的体制机制障碍，不断推进国家治理体系和治理能力现代化。"[2] 党的十九届六中全会通过的《中共

---

[1]　习近平：《论坚持全面深化改革》，中央文献出版社 2018 年版，第 24 页。
[2]　习近平：《在纪念红军长征胜利 80 周年大会上的讲话》，《人民日报》2016 年 10 月 22 日。

中央关于党的百年奋斗重大成就和历史经验的决议》专门指出，改革开放是决定当代中国前途命运的关键一招，中国特色社会主义道路是指引中国发展繁荣的正确道路，中国大踏步赶上了时代。

进入新时代以来，我们党不断推动全面深化改革向广度和深度进军，中国特色社会主义制度更加成熟更加定型，国家治理体系和治理能力现代化水平不断提高，党和国家事业焕发出新的生机活力。我们坚持改革正确方向，以促进社会公平正义、增进人民福祉为出发点和落脚点，突出问题导向，聚焦进一步解放思想、解放和发展社会生产力、解放和增强社会活力，加强顶层设计和整体谋划，增强改革的系统性、整体性、协同性，激发人民首创精神，推动重要领域和关键环节改革走实走深。开放带来进步，封闭必然落后；我国发展要赢得优势、赢得主动、赢得未来，必须顺应经济全球化，依托我国超大规模市场优势，实行更加积极主动的开放战略，形成更大范围、更宽领域、更深层次对外开放格局，构建互利共赢、多元平衡、安全高效的开放型经济体系，不断增强我国国际经济合作和竞争新优势。

全面深化改革，是顺应当今世界发展大势的必然选择。纵观世界，变革是大势所趋、人心所向。现在世界各国正在加快推进变革，新一轮科技革命和产业变革正在孕育兴起。在这样的形势下，要全面建成社会主义现代化强国，实现中华民族伟大复兴，必须认清形势、居安思危、奋起直追。停顿和倒退没有出路，思想僵化、固步自封，必将被时代所淘汰。我们要顺应浩浩荡荡的历史潮流，承担起自己的历史责任，以更大的政治勇气和智慧、更有力的措施和办法推进改革。

三、实现中华民族伟大复兴的必由之路

当今世界，变革创新的潮流滚滚向前。改革开放 40 多年来，我们

党团结带领人民进行改革开放新的伟大革命，坚持解放思想、实事求是、与时俱进、求真务实，不断革除阻碍发展的各方面体制机制弊端，开辟了中国特色社会主义道路，取得世人瞩目的历史性成就。历史和现实昭示我们，中国特色社会主义在改革开放中不断发展，中华民族伟大复兴也必将在改革开放进程中得以实现。

改革开放，是推进社会主义制度自我完善与发展的伟大革命。古人曰，穷则变，变则通，通则久。变革创新是推动人类社会向前发展的根本动力。谁排斥改革，谁拒绝创新，谁就会落后于时代，谁就会被历史淘汰。改革作为对旧体制、旧机制的一场伟大革命，必然会引起经济、政治、文化、社会、教育、科技等各个领域的深刻变化，必然会引起人们精神面貌、价值观念和生活方式的重大变化，必然会触及每个人的切身利益，引起社会各方面的大调整、大变革。社会主义制度的建立，对社会主义经济基础的形成、巩固和发展起到了积极的推动作用。但也要认识到，我国的社会制度和体制机制还有一些不健全、不完善的地方，上层建筑和经济基础之间、生产关系和生产力之间还存在着这样或那样的不相适应的地方，对此必须通过改革加以调整和变革，使之更加适应和促进生产力的发展。由此看来，改革是构建系统完备、科学规范、运行有效的制度体系，完善社会主义制度，激发社会创造力和发展活力的必然要求。人类社会发展的历史告诉我们，开放带来进步，封闭必然落后。当今世界是开放的世界，中国的发展离不开世界，世界的发展也需要中国。开放与改革是密不可分的，尤其是随着经济全球化和科学技术的迅猛发展，国际经济联系由流通领域扩展到生产等各个领域，各国的社会再生产联系更加紧密。实行对外开放是发展中国特色社会主义的必然条件，也是解放和发展社会生产力、使社会主义体制机制充满生机和活力的必然要求。

改革开放，是实现中华民族伟大复兴的必由之路。我国过去的快速发展靠的是改革开放，未来发展也必须坚定不移依靠改革开放。正是由于党高高举起了改革开放这面伟大旗帜，才团结带领全国人民走上了中国特色社会主义道路，迎来了实现中华民族伟大复兴的光明前景。坚持和发展中国特色社会主义是一篇大文章，我们这一代共产党人的任务，就是要继续谱写这篇大文章的新篇章。党的十八大以来，以习近平同志为核心的党中央统筹推进"五位一体"总体布局、协调推进"四个全面"战略布局，党和国家事业发生历史性变革、取得历史性成就，中国特色社会主义进入新时代。改革开放40多年，我国实现了从"赶上时代"到"引领时代"的伟大跨越。正如习近平总书记所说："40年众志成城，40年砥砺奋进，40年春风化雨，中国人民用双手书写了国家和民族发展的壮丽史诗。"[1] 从党的十一届三中全会作出改革开放重大决策至今的40多年，可以说是中国生产力发展速度最快、综合国力提升最快、人民生活水平提高最快的40多年。在改革开放的推动下，我国成功实现了从高度集中的计划经济体制到充满活力的社会主义市场经济体制、从封闭半封闭到全方位开放的伟大历史转折，中国人民的面貌、社会主义中国的面貌、中国共产党的面貌都发生了历史性变化，一个面向现代化、面向世界、面向未来的社会主义中国已经巍然屹立在世界东方。今天，我们比历史上任何时期都更接近、更有信心和能力实现中华民族伟大复兴的目标。

改革开放，是实现中华民族伟大复兴的强大动力。改革开放40多年来，党团结带领全国人民上下求索、锐意进取，坚持立足国情、放眼世界，既强调独立自主、自力更生又注重对外开放、合作共赢，既坚持社会主义制度又坚持社会主义市场经济改革方向，既"摸着石头过河"又加强顶层设计，不断研究新情况、解决新问题、总结新经验，成功开辟出中国特色社会主义道路，使社会主义在中国大地上焕发出蓬勃的生

---

[1] 习近平：《开放共创繁荣　创新引领未来》，《人民日报》2018年04月11日。

机与旺盛的活力。历史已经并将继续证明,只有社会主义才能救中国,只有改革开放才能发展中国特色社会主义,只有坚持和发展中国特色社会主义才能实现中华民族伟大复兴。改革开放还极大地调动了广大人民群众的积极性和创造性。改革开放以来,党把实现最广大人民的根本利益作为制定和执行各项方针政策的出发点和落脚点,使改革开放得到了广大人民群众的拥护和支持,也给广大人民群众带来了巨大实惠。改革开放40多年来,中国人民始终与时俱进、一往无前,充分显示了磅礴无比的中国力量。中国人民敢闯敢试、敢为人先,积极性、主动性、创造性空前高涨,充分显示了中国人民作为国家主人推动历史前进的强大力量。改革开放40多年来,中华民族之所以能够在国际风云变幻中站稳脚跟,之所以能够经受住来自各个方面的一次次严峻考验,之所以能够战胜各种困难和风险,使现代化建设的航船始终沿着正确的方向破浪前进,就在于党坚定走中国特色社会主义道路,坚持改革开放,使社会生产力得到了大解放、大发展和大提高。要实现第二个百年奋斗目标、实现中华民族伟大复兴的中国梦,必须坚定不移深化各方面改革,坚定不移扩大开放,让党和人民事业始终充满奋勇前进的强大动力。

第三讲　坚持以人民为中心的改革价值取向

一、始终坚持以人民为中心

党的十八大以来，面对新危险新考验新形势，以习近平同志为核心的党中央励精图治、攻坚克难，推动党和国家事业发生了历史性变革，取得了历史性成就，引领中国特色社会主义进入了新时代，在此基础上创立了习近平新时代中国特色社会主义思想。在习近平新时代中国特色社会主义思想中，"坚持以人民为中心"不仅构成了习近平新时代中国特色社会主义思想的内核和价值主线，还是贯彻落实习近平新时代中国特色社会主义思想的重要基本方略，成为新时代坚持和发展中国特色社会主义的思想灵魂和精神旗帜。

（一）坚持以人民为中心的性质定位

中国特色社会主义是改革开放以来党的全部理论和实践的主题，也是党的十九大精神的核心主题。党的十九大报告以"不忘初心，牢记使命"开始，以"大道之行，天下为公"结束，"坚持以人民为中心"的思想贯穿始终。党的二十大报告进一步强调，坚持以人民为中心的发展思想，维护人民根本利益，增进民生福祉，不断实现发展为了人民、发展依靠人民、发展成果由人民共享，让现代化建设成果更多更公平惠及全体人民。

首先，坚持以人民为中心是历史唯物主义的基本观点。马克思主义是我们党立党立国的根本指导思想。对马克思主义的信仰，对社会主义和共产主义的信念，是共产党人的政治灵魂。在内容上，马克思主义主要由马克思主义哲学、马克思主义政治经济学和科学社会主义三大部分组成，而马克思主义哲学则包括辩证唯物主义和历史唯物主义，其中，历史唯物主义也称唯物史观，是哲学中关于人类社会发展一般规律的理论。唯物史观认为，历史活动是群众的事业，决定历史发展的是"行动着的群众"[1]。因此，人民群众是社会财富的创造者，是社会变革的决定力量。2013年12月3日，习近平总书记在十八届中共中央政治局就历史唯物主义基本原理和方法论进行第十一次集体学习时强调，要学习和掌握人民群众是历史创造者的观点，紧紧依靠人民推进改革，坚持把实现好、维护好、发展好最广大人民根本利益作为推进改革的出发点和落脚点，让发展成果更多更公平惠及全体人民[2]。因此，坚持以人民为中心体现了"人民是历史的创造者"的唯物史观，是对马克思主义的继承和发展，是马克思主义中国化最新理论成果的具体思想呈现。

其次，坚持以人民为中心是立党为公、执政为民的内在要求。党的十九大报告明确提出："为什么人的问题，是检验一个政党、一个政权性质的试金石。带领人民创造美好生活，是我们党始终不渝的奋斗目标。"党的十九大修改的《中国共产党章程》明确指出，党除了工人阶级和最广大人民群众的利益，没有自己特殊的利益。党在任何时候都把

---

〔1〕《马克思恩格斯全集》第2卷，人民出版社1957年版，第104页。

〔2〕 习近平：《论党的宣传思想工作》，中央文献出版社2020年版，第38–39页。

群众利益放在第一位，同群众同甘共苦，保持最密切的联系，坚持权为民所用、情为民所系、利为民所谋，不允许任何党员脱离群众，凌驾于群众之上。[1] 党的二十大修改的《中国共产党章程》明确指出，党始终把为中国人民谋幸福、为中华民族谋复兴作为自己的初心使命，历经百年奋斗，从根本上改变了中国人民的前途命运。因此，党的一切工作必须以最广大人民根本利益为最高标准，要把人民放在心中最高位置，实现好、维护好、发展好最广大人民根本利益，把人民拥护不拥护、赞成不赞成、高兴不高兴、答应不答应作为衡量一切工作得失的根本标准，在任何时候任何情况下，与人民同呼吸共命运的立场不能变，全心全意为人民服务的宗旨不能忘，群众是真正英雄的历史唯物主义观点不能丢，始终坚持立党为公、执政为民。

第三，坚持以人民为中心是逐步实现共同富裕和公平正义的本质体现。正义是社会制度的首要价值。[2] 坚持公平正义是中国特色社会主义的内在要求，也是我们党的一贯主张，我们党从诞生之日起，就把实现社会公平正义作为一项政治主张和目标，并一直在为实现这一政治主张和目标而奋斗。坚持公平正义必然要求共同富裕，消除贫富差距，防止两级分化。早在改革开放之初，邓小平同志就讲过："让一部分人、一部分地区先富起来，大原则是共同富裕。一部分地区发展快一点，带动大部分地区，这是加速发展、达到共同富裕的捷径。社会主义的目的就是要全国人民共同富裕，不是两极分化。如果我们的政策导致两极分化，我们就失败了，如果产生了什么新的资产阶级，那我们就真的走了邪路了。"[3] 进入新时代以后，我们党更加注重共同富裕和公平正义，强调要随时随刻倾听人民呼声、回应人民期待，保证人民平等参与、平

---

〔1〕《中国共产党章程》，人民出版社2017年版，第19页。
〔2〕[美] 罗尔斯：《正义论》，何怀宏等译，中国社会科学出版社2001年版，第1页。
〔3〕《邓小平文选》第三卷，人民出版社1993年版，第111页。

等发展权利，维护社会公平正义，在学有所教、劳有所得、病有所医、老有所养、住有所居上持续取得新进展，不断实现好、维护好、发展好最广大人民根本利益，使发展成果更多更公平惠及全体人民，在经济社会不断发展的基础上，朝着共同富裕方向稳步前进。2015 年 10 月 29日，习近平总书记在党的十八届五中全会第二次全体会议上指出，我们必须坚持发展为了人民、发展依靠人民、发展成果由人民共享，作出更有效的制度安排，使全体人民朝着共同富裕方向稳步前进，绝不能出现"富者累巨万，而贫者食糟糠"的现象。我们党坚持公平正义的发展取向，强调要不断满足人民日益增长的美好生活需要，不断促进社会公平正义，形成有效的社会治理、良好的社会秩序，使人民获得感、幸福感、安全感更加充实、更有保障、更可持续。实现这个主张和目标，就必须坚持以人民为中心的发展思想，始终把人民利益摆在至高无上的地位，让改革发展成果更多更公平惠及全体人民，朝着实现全体人民共同富裕不断迈进，努力做到"全面建成小康社会，一个不能少；共同富裕路上，一个不能掉队"。

第四，坚持以人民为中心是习近平新时代中国特色社会主义思想的重要内容。党的十九大最重要的理论成果是确立了习近平新时代中国特色社会主义思想在全党的指导地位，为完成"两个一百年"奋斗目标提供了强大思想武器。从内容关系上看，坚持以人民为中心是习近平新时代中国特色社会主义思想的重要内容，构成了新时代中国特色社会主义发展战略安排的灵魂主线。

1. 坚持以人民为中心是解决新时代社会主要矛盾的根本途径。判断中国特色社会主义进入新时代的理论依据是我国社会主要矛盾发生了新变化。因此，习近平新时代中国特色社会主义思想，根据社会主要矛盾的新发展新变化，明确了新时代我国社会主要矛盾是人民日益增长的美好生活需要和不平衡不充分的发展之间的矛盾，必须坚持以人民为中心的发展思想，不断促进人的全面发展、全体人民共同富裕。随着我国社会生产力水平总体上显著提高，社会生产能力在很多方面进入世界前列，现在面临的更加突出的问题是发展不平衡不充分，这已经成为满足人民日益增长的美好生活需要的主要制约因素。因此，在社会主要矛盾发生变化的情形下，始终坚持以人民为中心，着力解决好发展不平衡不充分问题，大力提升发展质量和效益，更好满足人民在经济、政治、文化、社会、生态等方面日益增长的需要，更好推动人的全面发展、社会全面进步，是解决新时代社会主要矛盾的根本途径。

2. 坚持以人民为中心是贯彻落实习近平新时代中国特色社会主义思想的基本方略。党的十八大以来，国内外形势变化和我国各项事业发展都给我们提出了一个重大时代课题，也给党和国家事业发展提出了新要求，这就要求我们必须从理论和实践结合上系统回答如何把贯彻落实习近平新时代中国特色社会主义思想的基本方略落到实处。习近平新时代中国特色社会主义思想和基本方略体现了思想理论与实践相统一、认识论和方法论相一致、战略与战术相结合的理论特色。在贯彻落实习近平新时代中国特色社会主义思想的十四条基本方略中，以"坚持党对一切工作的领导"开头，揭示了党的领导是中国特色社会主义最本质的特征，是中国特色社会主义制度的最大优势；"坚持以人民为中心"紧跟其后，体现了党立党为公、执政为民的价值追求；以"坚持全面从严治党"兜底，彰显了党的领导对新时代中国特色社会主义的根本保证作用。由此可以看出，在习近平新时代中国特色社会主义思想的十四条基本方略中，以党的领导为根本前提，以全面从严治党为根本保证，坚持以人民为中心的发展思想贯穿于始终，三者共同体现了党的领导与以人民为中心的内在统一，统一于党的全心全意为人民服务的根本宗旨之中。

3. 坚持以人民为中心是新时代中国特色社会主义发展战略安排的灵

魂主线。党的十九大对新时代中国特色社会主义发展作出了新"两步走"的战略安排，即从二零二零年到二零三五年，在全面建成小康社会的基础上，再奋斗十五年，基本实现社会主义现代化。从二零三五年到本世纪中叶，在基本实现现代化的基础上，再奋斗十五年，把我国建成富强民主文明和谐美丽的社会主义现代化强国。党的二十大再次确认了新"两步走"战略安排，强调全面建成社会主义现代化强国，总的战略安排是分两步走：从二零二零年到二零三五年基本实现社会主义现代化；从二零三五年到本世纪中叶把我国建成富强民主文明和谐美丽的社会主义现代化强国。衡量这两个阶段的目标任务最终实现的最根本标准仍然是坚持以人民为中心的发展思想，即，在第一个阶段，我国人民将享有更加幸福安康的生活，全体人民共同富裕基本实现；在第二个阶段，人民生活更为宽裕，全体人民共同富裕迈出坚实步伐。因此，不论是新时代中国特色社会主义发展的新"两步走"战略安排，还是第二个百年奋斗目标的实现，一个最根本的衡量标准就是是否得到人民认可、是否经得起历史检验。

（二）坚持以人民为中心的理论内涵

坚持以人民为中心具有丰富的思想内涵，其核心要义可以概括为一句话：一切为了人民，一切依靠人民，一切成果由人民共享。在学习领会坚持以人民为中心的发展思想的丰富内涵时，一定要提高政治站位，拓展理论视野，从政治立场、价值取向、发展思想和工作导向四个层面来全面理解坚持人民为中心的丰富内涵。

一是坚持以人民为中心的政治立场。人类社会一切活动的根本目的，首先是为了人类自身过得更美好。但人是又分政治阶级、社会阶层的，不同国家、不同政党在"为了谁"问题上的政治立场是不同的。因此，为了谁、由谁享有的问题，是发展首先要解决的根本问题，也是衡量一个政党、一个国家性质的试金石。对我们党来说，人民立场是党的根本政治立场，人民性也是党的根本政治属性。党的十八大以来，习近平总书记多次发表重要讲话，反复强调党必须要坚持的人民立场。2016年7月1日，习近平总书记在庆祝中国共产党成立95周年大会上的讲话指出，人民立场是中国共产党的根本政治立场，是马克思主义政党区别于其他政党的显著标志。2016年10月21日，习近平总书记在纪念红军长征胜利80周年大会上的讲话强调，在新的长征路上，我们要始终把人民立场作为根本政治立场，把人民利益摆在至高无上的地位，不断把为人民造福事业推向前进。习近平总书记之所以反复强调要坚持以人民为中心的政治立场，是因为党的合法性源自历史，是人心向背决定的，是人民的选择。因此，我们的党的理想信念宗旨决定了人民立场是党的根本政治立场，全心全意为人民服务是党的根本宗旨，群众路线是党的生命线和根本工作路线，必须要不忘初心，牢记使命，永远保持对人民的赤子之心，坚持问政于民、问需于民、问计于民，始终把实现好、维护好最广大人民根本利益作为党的根本政治立场。党的二十大报告强调指出，中国共产党领导人民打江山、守江山，守的是人民的心。习近平总书记在党的二十大闭幕式上讲话强调，一定要牢记江山就是人民，人民就是江山，践行全心全意为人民服务的根本宗旨。

二是坚持以人民为中心的改革取向。改革开放是决定当代中国命运的关键一招，也是实现中华民族伟大复兴的关键一招。但进入全面深化改革时期后，改革并不是皆大欢喜、人人受益的"帕累托改进"，改革总是要涉及利益格局的调整和价值立场的选择，肯定会困难连连、阻力重重。党的十八大以来，习近平总书记以敢于啃硬骨头、敢于涉险滩的担当和勇气，革故鼎新、涤除时弊，坚决破除各方面体制机制弊端，坚决突破利益固化的藩篱，形成了一大批改革理论成果、制度成果、实践成果，进一步坚定了改革方向，那就是，无论改什么、改到哪一步，坚持党对改革的集中统一领导不能变，完善和发展中国特色社会主义制度、推进国家治理体系和治理能力现代化的总目标不能变，坚持以人民为中心的改革价值取向不能变。2015 年 2 月 27 日，习近平总书记在主持召开中央全面深化改革领导小组第十次会议时专门指出，要把改革方案的含金量充分展示出来，让人民群众有更多获得感，让改革发展成果更多更公平惠及全体人民，朝着实现全体人民共同富裕不断迈进。党的二十届三中全会提出，进一步全面深化改革，必须贯彻好坚持党的全面领导、坚持以人民为中心、坚持守正创新、坚持以制度建设为主线、坚持全面依法治国、坚持系统观念等原则。其中第二条原则就是"坚持以人民为中心，尊重人民主体地位和首创精神，人民有所呼、改革有所应，做到改革为了人民、改革依靠人民、改革成果由人民共享。"[1] 这其实体现的就是坚持以人民为中心的改革价值取向，使得新时代中国特色社会主义的政治立场更加鲜明、价值目标更加集中。

三是坚持以人民为中心的发展思想。发展是硬道理，是增进人民福祉、促进社会进步的根本途径，是解决中国所有问题的关键，必须坚定不移把发展作为党执政兴国的第一要务，坚持解放和发展社会生产力，坚持社会主义市场经济改革方向，推动经济持续健康发展。"蛋糕"不断做大了，同时还要把"蛋糕"分好，要在不断发展的基础上尽量促进社会公平正义，使得改革发展真正体现坚持以人民为中心。首先，要把人民对美好生活的向往作为奋斗目标，不断满足人民日益增长的美好生活需要，不断增强人民的获得感、幸福感、安全感，不断推进全体人民共同富裕。其次，要以促进社会公平正义、增进人民福祉为出发点和落脚点，加大协调各方面利益关系的力度，推动发展成果更多更公平惠及全体人民，朝着共同富裕方向稳步前进。第三，要坚持在发展中保障和

---

[1]《中共中央关于进一步全面深化改革　推进中国式现代化的决定》，《人民日报》2024 年 07 月 22 日 01 版。

改善民生，在全体人民共同奋斗、经济社会发展的基础上，加紧建设对公平正义具有重大作用的社会保障制度，逐步建立社会保障体系。增进民生福祉是发展的根本目的，改善民生是以人民为中心的发展思想的应有之义，必须多谋民生之利、多解民生之忧，在发展中补齐民生短板，不断促进社会公平正义，最终实现人的全面发展、全体人民共同富裕。

四是坚持以人民为中心的工作导向。不论是政治立场、改革取向，还是发展思想，最终都要落脚到具体工作上。因此，在实际工作中坚持以人民为中心，就要把党的群众路线贯彻到治国理政全部活动之中，将坚持以人民为中心的发展思想落实到经济社会发展的各个环节，为人民服务、为人民担当，敢于较真碰硬、敢于直面困难，自觉把使命放在心上、把责任扛在肩上。对此，习近平总书记在不同的工作会议上发表了多个重要讲话，无一例外地都突出强调了要坚持以人民为中心的工作导向。例如，在2013年8月19日的全国宣传思想工作会议上强调树立以人民为中心的工作导向，多宣传报道人民群众的伟大奋斗和火热生活，满足人民精神需求；在2014年1月7日的中央政法工作会议上强调要把人民群众的事当作自己的事，把人民群众的小事当作自己的大事，为人民群众安居乐业提供有力法律保障；在2014年10月15日的文艺工作座谈会上强调要坚持以人民为中心的创作导向，把满足人民精神文化需求作为文艺和文艺工作的出发点和落脚点，把为人民服务作为文艺工作者的天职；在2016年2月19日党的新闻舆论工作座谈会上强调要坚持以人民为中心的工作导向，坚持党性和人民性相统一，把党的理论和路线方针政策变成人民群众的自觉行动；在2016年4月19日的网络安全和信息化工作座谈会上强调，网信事业要发展，必须贯彻以人民为中心的发展思想，让亿万人民在共享互联网发展成果上有更多获得感；在2016年5月17日的哲学社会科学工作座谈会上强调要坚持以人民为中心的研究导向，脱离了人民，哲学社会科学就不会有吸引力、感染力、影响力、生命力。通过这些重要论述可以看出，坚持以人民为中心是习近平新时代中国特色社会主义思想一以贯之的灵魂主线和核心主张，我们要深刻领会习近平新时代中国特色社会主义思想的精神实质和丰富内涵，在各项具体工作中全面准确地予以贯彻落实。

坚持以人民为中心的这四个内涵是层层递进的逻辑统一关系，四者共同统一于新时代中国特色社会主义的伟大实践之中。其中，坚持以人民为中心的政治立场是前提，决定了新时代中国特色社会主义伟大事业的改革取向、发展思想和工作导向；坚持以人民为中心的改革取向是关键，指明了新时代中国特色社会主义新征程的道路航向；坚持人民为中心的发展思想是核心，回答了新时代中国特色社会主义"为了谁"这个根本问题；坚持以人民为中心的工作导向是保证，体现了新时代坚持和发展中国特色社会主义的实干精神和实践面向。

二、让人民对改革有更多获得感

食者，民之本也；民者，国之本也。让人民群众有更多获得感，关系到改革发展的出发点和落脚点，体现了我们党的宗旨和执政理念。党的十八大以来，以习近平同志为核心的党中央坚持以人民为中心，把增进民生福祉作为发展的根本目的，着眼于在发展中补齐民生短板，在幼有所育、学有所教、劳有所得、病有所医、老有所养、住有所居、弱有所扶上取得一系列开创性成就，改革发展成果更多更公平惠及全体人民，正朝着实现全体人民共同富裕不断迈进。发展是人类社会的永恒主题，是人类社会的进步基础。我们必须坚持以人民为中心的发展思想，不断促进人的全面发展、全体人民共同富裕。

（一）人民是历史的创造者

人民是历史的创造者，人民是真正的英雄。波澜壮阔的中华民族发展史是中国人民书写的，博大精深的中华文明是中国人民创造的，历久弥新的中华民族精神是中国人民培育的，中华民族迎来了从站起来、富起来到强起来的伟大飞跃是中国人民奋斗出来的。中国人民的特质、禀赋不仅铸就了绵延几千年发展至今的中华文明，而且深刻影响着当代中国发展进步，深刻影响着当代中国人的精神世界。中国人民在长期奋斗中培育、继承、发展起来的伟大民族精神，为中国发展和人类文明进步提供了强大精神动力。

中国人民是具有伟大创造精神的人民。在几千年历史长河中，中国人民始终辛勤劳作、发明创造，产生了老子、孔子、庄子、孟子、墨子、孙子、韩非子等闻名于世的伟大思想巨匠，发明了造纸术、火药、印刷术、指南针等深刻影响人类文明进程的伟大科技成果，创作了诗经、楚辞、汉赋、唐诗、宋词、元曲、明清小说等伟大文艺作品，建设了万里长城、都江堰、大运河、故宫、布达拉宫等气势恢宏的伟大工程。今天，中国人民的创造精神正在前所未有地迸发出来，推动国家日新月异向前发展，大踏步走在世界前列。只要 14 亿多中国人民始终发扬这种伟大创造精神，就一定能够创造出一个又一个人间奇迹。

中国人民是具有伟大奋斗精神的人民。在几千年历史长河中，中国人民始终革故鼎新、自强不息，开发和建设了祖国辽阔秀丽的大好河山，开拓了波涛万顷的辽阔海疆，开垦了物产丰富的广袤粮田，治理了桀骜不驯的千百条大江大河，战胜了数不清的自然灾害，建设了星罗棋布的城镇乡村，发展了门类齐全的产业，形成了多姿多彩的生活。中国人民自古就明白，世界上没有坐享其成的好事，要幸福就要奋斗。今天，中国人民拥有的一切，凝聚着中国人的聪明才智，浸透着中国人的辛勤汗水，蕴含着中国人的巨大牺牲。只要 14 亿多中国人民始终发扬这种伟大奋斗精神，就一定能够达到创造人民更加美好生活的宏伟目标。

中国人民是具有伟大团结精神的人民。在几千年历史长河中，中国人民始终团结一心、同舟共济，建立了统一的多民族国家，发展了56个民族多元一体、交织交融的融洽民族关系，形成了守望相助的中华民族大家庭。特别是近代以后，在外来侵略寇急祸重的严峻形势下，各族人民手挽着手、肩并着肩，英勇奋斗，浴血奋战，打败了一切穷凶极恶的侵略者，捍卫了民族独立和自由，共同书写了中华民族保卫祖国、抵御外侮的壮丽史诗。今天，中国取得的令世人瞩目的发展成就，更是全国各族人民同心同德、同心同向努力的结果。中国人民从亲身经历中深刻认识到，团结就是力量，团结才能前进，一个四分五裂的国家不可能发展进步。只要14亿多中国人民始终发扬这种伟大团结精神，就一定能够形成勇往直前、无坚不摧的强大力量。

中国人民是具有伟大梦想精神的人民。在几千年历史长河中，中国人民始终心怀梦想、不懈追求，不仅形成了小康生活的理念，而且秉持天下为公的情怀，盘古开天、女娲补天、伏羲画卦、神农尝草、夸父追日、精卫填海、愚公移山等古代神话深刻反映了中国人民勇于追求和实现梦想的执著精神。中国人民相信，山再高，往上攀，总能登顶；路再长，走下去，定能到达。近代以来，实现中华民族伟大复兴成为中华民族最伟大的梦想，中国人民百折不挠、坚忍不拔，以同敌人血战到底的气概、在自力更生的基础上光复旧物的决心、自立于世界民族之林的能力，为实现这个伟大梦想进行了180多年的持续奋斗。今天，中国人民比历史上任何时期都更接近、更有信心和能力实现中华民族伟大复兴。只要14亿多中国人民始终发扬这种伟大梦想精神，就一定能够实现中华民族伟大复兴。

（二）多谋民生之利、多解民生之忧

中国共产党领导人民进行改革开放和社会主义现代化建设的根本目

的，就是要通过发展社会生产力，不断提高人民物质文化生活水平，促进人的全面发展。检验一切工作的成效，最终都要看人民是否真正得到了实惠，人民生活是否真正得到了改善，这是坚持立党为公、执政为民的本质要求，是党和人民事业不断发展的重要保证。在前进道路上，一定要坚持从维护最广大人民根本利益的高度，多谋民生之利，多解民生之忧，在学有所教、劳有所得、病有所医、老有所养、住有所居上持续取得新进展。

多谋民生之利、多解民生之忧，就要强化为民情怀。时刻把群众安危冷暖放在心上，及时准确了解群众所思、所盼、所忧、所急，把群众工作做实、做深、做细、做透。要正确处理最广大人民根本利益、现阶段群众共同利益、不同群体特殊利益的关系，切实把人民利益维护好、实现好、发展好。要把好事办好、实事办实，让群众时刻感受到党和政府的关怀。对涉及群众切身利益的重大决策，要充分听取群众意见和建议，充分考虑群众的承受能力，把可能影响群众利益和社会稳定的问题和矛盾解决在决策之前。对群众反映强烈的突出问题，都要通过强化责任、健全制度、落实到人，推动有关方面形成合力，妥善加以解决。对损害群众权益的失职渎职和违纪违法行为，要坚决查处，决不姑息。

多谋民生之利、多解民生之忧，就要着力解决群众最关心的问题。持续加大投入、补齐保障短板。要突出重点，对准焦距，找准穴位，击中要害，推出一批能叫得响、立得住、群众认可的硬招实招、处理好改革是"最先一公里"和"最后一公里"的关系，突破"中梗阻"，防止不作为，把改革方案的含金量充分展示出来，让人民群众有更多获得感。要总结经验、完善思路、突出重点，提高改革整体效能，扩大改革受益面，发挥好改革先导性作用，多推有利于增添经济发展动力的改革，多推有利于促进社会公平正义的改革，多推有利于增强人民群众获得感的改革，多推有利于调动广大干部群众积极性的改革。要聚焦聚力群众最关心、最直接、最现实的利益问题，进一步增强使命感、责任感，加大民生投入，办好人民满意的教育，促进就业创业，健全养老服务体系，建立更加公平更可持续的社会保障体系，持之以恒为人民群众办实事、解难事、做好事。要加强民生领域的督促检查，推动各项民生举措落实落地，使改革发展成果更多更公平惠及全体人民。

多谋民生之利、多解民生之忧，就要加强生态文明建设。生态文明建设是"五位一体"总体布局和"四个全面"战略布局的重要内容。保护生态环境应该而且必须成为发展的题中应有之义。要切实贯彻新发展理念，树立"绿水青山就是金山银山"的强烈意识，努力实现高质量发展。要深化生态文明体制改革，尽快把生态文明制度的"四梁八柱"建立起来，把生态文明建设纳入制度化、法治化轨道。正确处理经济发展和生态环境保护的关系，像保护眼睛一样保护生态环境，像对待生命一样对待生态环境，坚持摒弃损害甚至破坏生态环境的发展模式，坚持摒弃以牺牲生态环境换取一时一地经济增长的做法，让良好生态环境成为人民生活的增长点、成为经济社会持续健康发展的支撑点、成为展现我国良好形象的发力点，让中华大地天更蓝、山更绿、水更清、环境更优美。

（三）坚持以人民为中心重在抓落实

所有成就，都是干出来的。干出来，关键在于始终注重抓落实。如果落实工作抓得不好，再好的方针、政策、措施也会落空，再伟大的目标任务也实现不了。抓落实是领导工作中一个极为重要的环节，是党的思想路线和群众路线的根本要求，也是衡量党员领导干部世界观正确与否和党性强不强的一个重要标志。

抓落实，就必须牢固树立党的宗旨意识和正确政绩观。抓落实，是把决策变为实践行动、由认识世界到改造世界的过程，是对各级领导干部这种使命感和责任感的重要检验。要始终以饱满的热情投身工作，永葆蓬勃朝气、昂扬锐气和浩然正气，自觉地盯着榜样找差距，对照先进学经验，努力争创一流业绩，做到"为官一任，造福一方"。要牢固树立正确政绩观，把抓落实的出发点放到为党尽责、为民造福上，绝不能为自己树形象、为自己升迁铺路。要把抓落实的落脚点放到办实事、求实效上，绝不能追求面子工程、形象工程。要把抓落实的重点放到立足现实、着眼长远、打好基础上，绝不能搞盲目攀比、竭泽而渔。要牢固树立"功成不必在我、功成必定有我"的理念和境界，防止和纠正各种急功近利的行为，不贪一时之功、不图一时之名，多干打基础、利长远的事。

抓落实，就必须具有知难而进、锲而不舍的奋斗精神。抓落实的过程，必然会遇到许多矛盾和问题，只有努力解决好各种矛盾和问题，才能把落实工作真正抓好、抓出成效。矛盾和问题是普遍存在的，问题也是矛盾。没有矛盾，就没有世界、没有发展。在改革和发展中遇到的矛盾和问题，要以对党、对人民高度负责的精神迎难而上，敢于面对并认真探索解决之策。抓落实，就要增强预见性，及时发现并尽早解决矛盾和问题，努力使简单矛盾不演化成复杂矛盾，小问题不延误成大问题。要多到矛盾突出的基层去，多到困难较多的一线去，多到难点焦点问题聚集的地方去，在克服困难、化解矛盾、解决问题中抓落实、促发展、出实绩。抓落实，贵在持之以恒，也难在持之以恒。绝不能抓一阵子松一阵子，热一阵子冷一阵子，要做到一以贯之、一抓到底。抓落实，还要防止虎头蛇尾。目标确定了，任务明确了，就要咬定青山不放松，不达目的不罢休。要坚持党的原则，怀着诚心诚意为人民谋利益的公心办事，始终保持共产党人的高尚情怀和政治本色，正确看待个人的进退得失，正确对待金钱名利，真正做到"心底无私天地宽""岂因祸福避趋之"。

抓落实，就必须发扬求真务实真抓实干的优良作风。要坚持眼睛向下看、身子往下沉，深入基层、深入群众开展调查研究，及时了解在上面难以听到、不易看到和意想不到的新情况新问题，掌握第一手资料，向群众问计问策。要善于总结群众的经验和创造，善于发现问题和触及矛盾，做到工作严细深实，绝不能粗大虚软。天下大事必作于细。从细处入手，落实才会日见成效。在重大决策和部署作出之后，还要研究具体办法，明确具体责任，一环扣一环地去抓，绝不能"虎头蛇尾""猴子掰玉米""蜻蜓点水"。

人民群众的"获得感"是改革的"试金石"，这是十分真切的、现实的，也是非常具体的、长远的。人民热爱生活，期盼有更好的教育、更稳定的工作、更满意的收入、更可靠的社会保障、更高水平的医疗卫生服务、更舒适的居住条件、更优美的环境，期盼着孩子们能成长得更好、工作得更好、生活得更好。这一切，都需要改革带来真实的获得感，让人们活得更精彩，更有尊严。在新的起点上将改革进行到底，就必须牢牢树立以人民为中心的发展理念，始终把人民的获得感作为改革的"风向标""试金石"，真心实意地改，真刀实枪地干，诚心诚意为群众办实事、解难事、做好事，真正让改革发展成果更多地惠及广大人民群众。

坚决维护人民群众的根本利益。群众利益无小事，民生问题大于天。共产党就是为人民谋幸福的，人民群众什么方面感觉不幸福、不快乐、不满意，我们就在哪方面下功夫，千方百计为群众排忧解难。坚决维护人民群众的根本利益，就是要把党的执政理念和宗旨落到实处，把实现好、维护好、发展好最广大人民根本利益作为一切工作的出发点和落脚点，坚持权为民所用、情为民所系、利为民所谋，实实在在地提升老百姓的"获得感"。要保持对人民的真切感情，十分真诚地热爱人民，忠于人民，一刻也不脱离人民，工作上依靠群众，感情上贴近群众，生活上关心群众，做群众的贴心人，密切党群干群关系。时刻关心群众疾苦，真心用力解决群众的实际困难。要时刻强化对党和人民的责任感事业心，什么时候，考虑什么问题，都自觉从党和人民的事业出发，时刻把党和人民的事业记在心上、挂在心上，自觉想群众所想、急群众所急、做群众所做，切实做到人民有所呼、改革有所应，努力实现好、维护好、发展好群众的切身利益。

牢固树立正确的利益观。毛泽东同志指出："共产党员无论何时何地都不应以个人利益放在第一位，而应以个人利益服从于民族的和人民群众的利益。"[1] 当前，改革进入攻坚阶段，更需要全体党员干部牢固树立正确的利益观，始终坚持人民利益高于一切，以人民利益为重，坚持把实现个人追求与实现党的奋斗目标、人民利益紧密结合起来，正确看待个人利益，正确看待个人得失，正确把握国家利益、集体利益和个人利益的关系。要从全局的高度观察和思考问题，自觉做到权为民所用、利为民所谋，心存感恩，学会珍惜，保持正常心态，杜绝攀比、奢侈与虚荣心。坚持做到吃苦在前，享受在后，克己奉公，多作贡献，坚决不搞假公济私、损公肥私的事，坚决不侵犯国家、集体和群众的利益。

建立健全体制机制。党中央明确提出要"作出更有效的制度安排，使全体人民在共建共享发展中有更多获得感"，这是对人民的承诺，也是明确全面深化改革的重点与方向。改革进入攻坚阶段，如果不作出更有效的制度安排，人民的"获得感"就不能得到有效保障。这就需要注重制度供给保障的可持续性，做好制度的顶层设计，加快制度整合、提高统筹层次。

---

〔1〕《毛泽东选集》第 2 卷，人民出版社 1991 年版，第 522 页。

三、把人民对美好生活的向往作为奋斗目标

人民是历史的创造者，是社会发展的推动者，只有赢得最广大人民群众的拥护和爱戴，我们党才能保持旺盛活力，不断地向前发展，也只有得到人民群众的认可，我们的党才是成功的。我们党的责任就是要解决好人民群众生活中最关心的实际问题，要让发展成果惠及更多群众。

（一）永葆共产党人的初心

共产党人的初心，就是中国共产党人自建党之初就树立的奋斗精神和赤子之心，是勇气、毅力、责任、担当，更是忠诚、胸怀、牺牲、奉献。共产党人不忘初心，就要不忘我们党的理想、信念、宗旨，不要忘记我们这个党是要干什么的，我们过去怎么干的。就要不忘党旗下的铮铮誓言，牢记融入血脉的全心全意为人民服务的不变宗旨。"历史往往在经过时间沉淀后可以看得更加清晰"。立党之初，我们党就把为共产主义、社会主义而奋斗确定为自己的纲领，历经时间沉淀，已证明这个纲领经得起历史检验，并取得了看得见的辉煌成就，这也正是我们不忘初心的重要力量源泉。一个政党不忘初心，就能长期保持先进性和纯洁性，一个人不忘初心，就是洗尽铅华不忘本。毛泽东同志"敢上九天揽月，敢下五洋捉鳖"的情怀与壮志，成了"人民大救星"；焦裕禄同志"为人民而死，虽死犹荣"为民情怀，成了"县委书记的榜样"；钱学森同志"国为重，家为轻，科学最重，名利最轻。五年归国路，十年两弹成"的爱国情怀、科学态度和奉献精神，成了"国家杰出贡献科学家"。党员干部不忘初心，就要有这样的情怀与壮志。

永葆共产党人的初心，就要保持满腔热情与高昂斗志。兴趣是最好的老师，是最好的志向，是一种最朴实的智慧，能保持最长久的激情，

是走向成功最大推力。一个人一旦对某事物有了浓厚的兴趣，就会主动去求知、去探索、去实践，并在求知、探索、实践中产生愉快的情绪和体验。不忘初心，就要做到情怀上"热"、斗志上"高"。热，就是要对当初承诺的事业无比热爱、对共同为之奋斗的人民无比热情、对承担的每一项工作无比热忱、对遇到的任何困难任何险阻要非常热心地去解决。高就是要始终保持高昂斗志、高远心志、高强毅志、高深品志、高雅兴志。

永葆共产党人的初心，就要始终坚定改革信心与保持远大胸怀。信心不是无所不能的，但是没有信心，即使幸福来了也高兴不起来。信心是尊贵的信仰，是最无坚不摧的力量。党员干部不忘初心，就要满怀信心。当前面对多元化思潮，面对各种诱惑，面对复杂的现实环境，尤需怀有赤子之心，不被畸形利益所狙击。就是要对共产主义和中国特色社会主义满怀信心，对实现中华民族伟大复兴的中国梦满怀信心。同时，要做到在政治上有大局意识、在思想上有大智视野、在生活上有大气风度、在作风上有大义举止。

永葆共产党人的初心，就要深入研究、扎实工作。李大钊同志说过："凡事都要脚踏实地去作，不驰于空想，不骛于虚声，而惟以求真的态度作踏实的工夫。以此态度求学，则真理可明，以此态度作事，则功业可就。"林伯渠同志说："用脑想问题，用手造机器，用脚踏实地。"不忘初心，就要坚持以深挚的情感热爱党、忠于党，以深邃的目光观察世事，深化思想认识，深究事务起因，深思解决办法，深入实际生活，以提高自己的情怀、丰富自己的情怀。要不断优化自己的知识结构，用真理的力量来增强人格的内涵和吸引力，不断提高自身党性修养的理论根基；要勤于思考，敢于探索，善于从政治上、全局上观察和处理问题；善于分析形势，预测趋势，见微知著，因势利导，把工作做在前面；善于抓事物的苗头，抓问题的倾向；勤于实践，立足本职岗位，爱岗敬业，把改造客观世界与改造主观世界结合起来，在实际工作中建功立业。同时，要做到对党忠实、工作踏实、办事务实、做人厚实。只要不忘初心、继续前进，勇于变革、勇于创新，就一定能向历史、向人民交出新的更加优异的答卷。

（二）始终站稳人民立场

人民立场是中国共产党的根本政治立场，党与人民风雨同舟、生死与共，始终保持血肉联系，是党战胜一切困难的根本保证。站稳人民立场，是共产党人的价值追求，是坚定中国特色社会主义道路自信、理论自信、制度自信、文化自信的根本所在。站稳人民立场，才能更加有信心、有力量，干成事、成大业，才能始终做到"千磨万击还坚劲，任尔东西南北风。"

站稳人民立场，就要不断强化宗旨意识，自觉牢固树立全心全意为人民服务的宗旨意识，时刻心中装有人民。人民，只有人民才是创造世界历史的真正动力。人民群众是党的执政根基和力量源泉。民心也是最大的政治，人民立场是根本的政治立场。要自觉做到一切为了人民。人民对美好生活的向往，就是我们党的奋斗目标。当前，特别是要想群众之所想，急群众之所急、忧群众之所忧，做到发展为了人民、发展依靠人民、发展成果由人民共享，不断增强广大人民群众的获得感、幸福感，做人民群众的知心人、贴心人。站稳人民立场，就要站稳为人民服务的立场，践行全心全意为人民服务的根本宗旨，自觉在向人民群众学习中，把人民群众的智慧转化为工作能力。

站稳人民立场，就要尊重人民的主体地位。社会发展是社会基本矛盾运动的过程，这一过程的主体是人民群众。社会物质财富、精神财富有赖于人民群众的创造，推动实现社会变革离不开人民群众这支决定性力量。毛泽东同志告诫我们："人民，只有人民，才是创造世界历史的动力。""我们的一切工作干部，不论职务高低，都是人民的勤务员，我们所做的一切，都是为人民服务。"[1] 习近平总书记强调指出："坚信党的根基在人民、党的力量在人民"[2] 把尊重人民主体地位的要求落实到每个党员干部身上，就要真正弄清"为了谁、依靠谁、我是谁"的问题。只有把这个问题搞明白了，党员干部才能真正在思想上尊重人民群众，在感情上亲近人民群众，在工作上为了人民群众，坚持一切为了人民、一切依靠人民，从群众中来、到群众中去。作为党员干部只有站稳人民立场，才能找准"勤务员"的定位，视人民群众为亲人、把人民群众当主人，把尊重人民的主体地位落实到自身的一言一行之中。

站稳人民立场，就要满足人民的合理需求。带领人民创造幸福生活，是我们党始终不渝的奋斗目标。作为党员干部要担负起自身的使命，履行好自身的职责，就要"顺应人民群众对美好生活的向往，坚持以人民为中心的发展思想"，使各项工作都能有效对接人民群众的期盼，不断满足人民群众的合理需求。衣食冷暖问题，是群众最关心、最直接、最现实的问题。党员干部想问题、办事情，都要把目光瞄准群众生产生活需要。群众身处经济社会生活的最底层，党员干部只有走下去、钻进去、沉到底，把田间地头、楼道车间当作工作的主阵地，才能真正了解群众的心声，以群众期盼为工作目标，以群众智慧为工作思路，以群众力量为工作动力。满足人民的合理需求，还要处理好"对上"与"对下"的关系，做到把两者统一起来、结合好，绝不能分割开来。

站稳人民立场，就要珍惜人民的信任信赖。毛泽东同志指出："我们这个队伍完全是为着解放人民的，是彻底地为人民的利益工作的。"[3] 一百多年来，党的优秀儿女们坚守这一崇高理念，赢得了人民

---

[1]　《毛泽东文集》第3卷，人民出版社1993年版，第243页。

[2]　习近平：《在庆祝中国共产党成立95周年大会上的讲话》，载《求是》2021年第08期。

[3]　《毛泽东文集》第3卷，人民出版社1991年版，第1004页。

的信任信赖。对于党员干部来说，能否取得人民群众的信任信赖，直接关系到工作的优劣、事业的成败。人民群众的信任信赖，对党员干部既意味着崇高的褒奖，更意味着重大的责任。信任可以形成向心力，信赖可以产生凝聚力。珍惜人民群众信任信赖，对党员干部来说，关键要切实改造世界观，树立群众观点，真正从党性高度来认识站稳人民立场的重要性，自觉做到权大不忘责任重、位尊不移公仆心。

（三）依靠人民创造历史伟业

把党的群众路线贯彻到治国理政全部活动之中，把人民对美好生活的向往作为奋斗目标，依靠人民创造历史伟业。实现中华民族伟大复兴，必须始终坚持人民立场，坚持人民主体地位，进一步弘扬中国人民在长期奋斗中培育、继承、发展起来的伟大民族精神。

实现中华民族伟大复兴的历史伟业必须依靠人民创造。紧紧依靠人民推动民族复兴的历史伟业，是中国共产党与此前中国各种进步政治力量不同的立场和品格。中国共产党把实现民族独立、人民解放和国家富强作为自己的奋斗目标，把全心全意为人民服务确定为自己的根本宗旨，并且形成了"一切为了群众，一切依靠群众，从群众中来，到群众中去"的根本工作路线。正是因为我们党在各个历史时期，始终坚持依靠最广大的人民群众，才取得了革命、建设和改革的伟大胜利。可以说，党的奋斗历史就是一部坚持和发展党的群众路线的历史。国家富强、民族振兴、人民幸福无疑是全民族的事业，是全体人民和中华儿女的共同事业，必须紧紧依靠全民族、全体人民和中华儿女来实现，必须凝聚起全民族、全体人民和中华儿女的智慧和力量。国家兴亡，匹夫有责。每一个人，不管置身于哪个社会阶层，不管从事什么职业，都是新时代的见证者、参与者和奋斗者，都要在这一历史伟业中找到自己的位置，作出自己应有的贡献。

越接近中华民族伟大复兴的目标越需要弘扬伟大的民族精神。中国特色社会主义进入新时代，中华民族迎来了从站起来、富起来到强起来的伟大飞跃。今天，我们比历史上任何时期都更接近、更有信心和能力实现中华民族伟大复兴。但是，越是接近中华民族伟大复兴的目标，形势就越复杂，任务就越艰巨，矛盾和困难也就越多，就越需要靠党和人民强大的精神动力，靠人民弘扬在长期奋斗中培育、继承和发展起来的伟大民族精神。一个国家、民族的前途和希望，最终决定于人民的创造力，而人民的创造力又源于人民的创造精神。创造新的伟业，一定要尊重人民群众的主体地位，尊重和发挥人民群众的创造精神，将蕴藏在人民群众中的巨大创造力充分发掘出来。中国人民是具有伟大奋斗精神的人民。中华民族的伟大复兴，绝不是轻轻松松、敲锣打鼓就可以实现的，全党全国人民必须准备付出更为艰苦的努力。行百里者半九十，距离实现中华民族伟大复兴的目标越近，我们越不能懈怠，而越要锲而不舍、驰而不息。中国人民是具有伟大梦想精神的人民。中华民族伟大复兴的中国梦，凝结着近代以来中国人民寻梦、追梦、圆梦的社会理想，凝结着中华民族近代以来前仆后继的奋斗历史，凝结着中华民族世世代代的精神追求。要高高举起中国梦这面精神旗帜，激励和鼓舞人民发扬伟大梦想精神，敢想敢干，百折不挠，为实现中华民族的伟大复兴而不懈奋斗。

越接近中华民族伟大复兴的目标，越要依靠全体人民实干。全面建成小康社会要靠实干，全面建设社会主义现代化国家要靠实干，全面实现中华民族伟大复兴要靠实干。一个国家、一个民族要走向富强，最终要靠全体人民实干。没有亿万人民的实干，任何愿望都是一句空话，再宏伟的蓝图也会落空，再美好的梦想也不会成真。幸福不会从天降，14多亿人民的美好生活最终要靠人民群众用自己的双手、用自己的勤劳和智慧去创造。实现中国梦，创造全体人民更加美好的生活，任重而道远，需要每一个人继续付出辛勤劳动和艰苦努力。劳动是财富的源泉，劳动是中华民族的优秀传统美德。依靠人民实干兴邦，就要弘扬中华民族辛勤劳动的传统美德，在全社会进一步形成崇尚劳动的良好风尚，使全体人民进一步焕发劳动热情，释放劳动潜能，创造劳动价值，依靠劳动创造更加美好的生活。

切实依靠人民创造属于新时代的光辉业绩。人民是历史的创造者，是决定党和国家前途命运的根本力量。必须坚持人民主体地位，坚持立党为公、执政为民，践行全心全意为人民服务的根本宗旨，把党的群众路线贯彻到治国理政全部活动之中，把人民对美好生活的向往作为奋斗目标，依靠人民创造历史伟业。必须始终把人民利益摆在至高无上的地位，让改革发展成果更多更公平惠及全体人民，朝着实现全体人民共同富裕不断迈进。

（四）切实做到人民有所呼、改革有所应

改革是前无古人的事业，既面临思想观念的障碍，又面临利益固化的藩篱。只要始终把人民"拥护不拥护""赞成不赞成""高兴不高兴""答应不答应"作为改革的出发点和归宿点，坚持"改革为了人民，改革依靠人民，改革成果让人民共享"的理念，从人民利益出发谋划改革、推进改革，问计于民、问需于民、问效于民，让人民从改革中得到看得见、摸得着的实惠，最大限度地增强人民群众的"获得感"，才能使人民始终成为改革的坚定支持者，对能够取得"改革有所指、人民有所动"的社会效果。

1. 把人民的需要作为第一信号

能否始终把人民的需要作为第一信号，对各级领导干部党性观念的检验，也是对能力素质、工作方法等的考验。只有始终坚持把人民的需要作为第一信号，才能树立起党在人民群众中的地位，才能更好地把党

的群众路线落实到实际工作中。把人民的需要作为第一信号，就要倾听群众呼声。群众的呼声，是党的路线、方针、政策在贯彻执行中的反馈，是领导干部的工作作风、思想作风在群众中的反映。时刻倾听群众呼声，才能掌握第一手资料，才能将群众疾苦记在心头，工作有的放矢，解决问题更接地气，好事才能办好办实。认真倾听群众的"意见"和"呼声"，是领导干部了解社情民意最有效的途径。对群众的呼声听得认真、耐心，问题解决得及时、准确、具体，这样的领导就有威信，干群关系就融洽，群众的掌声就真诚热烈。对那些当面放"礼炮"、背后放"空炮"、干事放"哑炮"的领导干部，群众的眼睛是雪亮的。

把人民的需要作为第一信号，就要回应群众关切。回应群众关切，是现代政府的责任，群众的关切为政府的施政施策提供了方向，使政府能想民之所想，急民之所急，解民之所忧。回应关切本身是一种政府与人民之间的交流与互动，是一个政府密切联系群众的重要过程，政府的工作只因更贴近群众而更接地气、更得民心；群众也因得到了政府的帮助解决了困难获得了安全感。回应关切不是简单的回答，是一种互动、一次机遇、一次提升。对于民众的呼声和诉求，能解决的问题要立即解决，不能立即解决或不合理的，要耐心做好解释，力争最短时间内将群众的怨气消弭于无形之中。回应关切的关键不在于"回"，而在于解决问题，围绕问题的解决，有的需要打破旧的格局，创新服务的方式方法。要坚决杜绝回避问题、含糊了事的态度，要做到不避、不躲、不拖，迎着问题上。回应关切切忌头痛治头、脚痛治脚，而应举一反三、深入推进。回应关切不仅仅是一种意见反馈、问题解决的方式创新，而应当将其作为汇集民意、分析民意、推动决策的重要基础。

把人民的需要作为第一信号，就要解决群众难题。发展是为了改善民生，解决好民生问题，发展才有更足的动力、更强的后劲。解决好群众难题，就要突出抓好教育、医疗、养老、社会保障等民生"牛鼻子"，带动其他难题的有效解决，促进社会稳定；要从大局着眼、统筹兼顾，充分发挥各方面积极性，形成破解民生难题的强大合力；要真抓实干，切实把温暖带给千家万户；要正视问题，对群众反映强烈的问题，要综合施策，重点解决。解决群众难题，就要认真研究，对合理合法的问题，要落实赔补到位，给群众以公道；对确有困难的群众，要救助帮扶到位，切实保障群众的基本生活；对有情绪的群众，要教育疏导到位，解开他们的心结，理顺他们的情绪。解决群众难题，就要行动坚决，自觉按照属地管理、分级负责、谁主管谁负责的原则，决不能小事拖大，大事拖炸，酿成群体性事件。

2. 朝着实现全体人民共同富裕不断迈进

党的一切工作必须以最广大人民根本利益为最高标准。要坚持把人民群众的小事当作自己的大事，从人民群众关心的事情做起，从让人民群众满意的事情做起，带领人民不断创造美好生活。要抓住人民最关心最直接最现实的利益问题，既尽力而为，又量力而行，一件事情接着一件事情办，一年接着一年干。坚持人人尽责、人人享有，坚守底线、突出重点、完善制度、引导预期，完善公共服务体系，保障群众基本生活，不断满足人民日益增长的美好生活需要，不断促进社会公平正义，形成有效的社会治理、良好的社会秩序，使人民获得感、幸福感、安全感更加充实、更有保障、更可持续。

第四讲　运用法治思维和法治方式推进改革

一、凡属重大改革都要于法有据

法治是治国理政的基本方式，法治带有根本性、全局性、稳定性、长期性。改革过程中要高度重视运用法治思维和法治方式，发挥法治在改革中的引领和推动作用，确保在法治的轨道上推进改革。2014 年 2 月 28 日，习近平总书记在主持召开中央全面深化改革领导小组第二次会议时讲话指出：凡属重大改革都要于法有据，确保在法治轨道上推进改革。这一论断深刻阐明了改革与法治的关系，拓展了法治思维与法治方式的内涵。党的十八届三中全会、四中全会两个决定是姊妹篇，一手抓改革，一手抓制度建设、法治建设，把改革成果固化为法律制度。党的十八届四中全会确定的全面推进依法治国的战略方针，为全面深化改革提供了坚定的制度基础和法治保障。党的二十大指出，全面依法治国是国家治理的一场深刻革命，关系党执政兴国，关系人民幸福安康，关系党和国家长治久安。必须更好发挥法治固根本、稳预期、利长远的保障作用，在法治轨道上全面建设社会主义现代化国家。

改革要创新突破，法治讲规则程序，这似乎是一个矛盾。过去，人们往往有这样一个认识，认为改革就是大破大立、不破不立，只有破除旧的，才能建立新的。这种看法不是没有合理性，但要有限度。这个限度，体现在制度上，就是法律。改革于法有据，就是要将改革纳入法治的轨道，以法治的理念、法治的体制、法治的程序推进。有人认为改革就是对现有法律框架的突破，所以先行先试无需法律授权。在有些地方、部门，由红头文件推进改革的现象存在已久。这类改革，会呈现"人治"模式下的种种弊端：缺乏系统性，改革方略的整体化配套不够；缺乏稳定性，动辄朝令夕改、人走政息；还会缺乏前瞻性、权威性，常会因"硬度"不够无疾而终。法治对改革中的引领和推动作用主要体现在：

第一，法治能够提高改革决策的科学性。在改革开放之初，法制很不健全，改革经验也不足，改革决策需要"摸着石头过河"。在经历40多年改革开放后，我国已经形成了较完备的社会主义法律体系，改革决策需要具有科学性。通过谈话、协商、公开等依法行政的法治理念，通过民主参与、民主听证、专家论证、集体决策、失误问责等法治程序，能够保障改革决策的科学性。相反，一些地方立足于GDP，"保税收""保发展""保地方利益""保眼前利益"而忽视甚至牺牲群众利益，这样的改革必然失去科学性与公信力，引起群众不满。

第二，法治能够增强改革措施的协调性。中国特色的社会主义法律体系是集40多年改革开放的成功经验和成熟政策于一体，基本上是内容协调、程序严密、配套完备、有效管用的制度体系。改革也必须坚持"法律至上"和"法律统一性"原则，不得违法改革。一些地方或部门出台的违反上位法的规范性文件，实际上破坏了全局改革措施的协调性，必然出现地方争利、部门垄断、"九龙治水"、规章打架、有令不行、有禁不止的现象。

第三，改革自身需要法治保障，改革必须依法进行。法治是凝聚改革共识的基石，是实现顶层设计、积极稳妥推进改革的保障。真正的改革不是偏离法治轨道，而是在法治框架内实现制度革新、机能升级。换言之，法律法规就是改革创新的"笼子边框"。我国已进入改革的深水区，很多矛盾越来越尖锐，不能再拖延的问题越来越多，可供腾挪的空间、允许试错的限度越来越小。在此情境下，深化改革，更需要依赖法治思维、法治方式。法治能区分"改革试错"与"滥用权力"的界线，也能保证改革的目的正当、规则合理与程序正义。如果说改革必然伴随着试错过程，法治的作用就在于及时纠错，以防出现全局性、长期性的失误；如果说改革要付出代价，法治可最大限度地降低改革成本；如果说改革有风险，那法治就是把控风险的安全阀门。

过去在实践中，一些地方和部门往往遇到"一改革就违法"的现象。对于这个问题，我们应当客观地认识，辩证地解决。出现这种情况可能有这么几方面原因：一是法律本身制定的不够合理，或过于严格、余地过小，没有考虑到国家发展的需要；二是在理解和执行中思维比较僵化，没有充分挖掘法律规定的合理内涵；三是没有先修法再改革的意识，发现违法了索性将法律置之不顾，久而久之，法律的权威大打折扣，法治就永远是空中楼阁。全面深化改革要"于法有据"，应当做到以下几方面：

第一，尊重法律，维护法律权威。中国特色社会主义法律体系已经形成，我们国家和社会生活的各个方面，在总体上已经实现有法可依。现在我们现行有效的法律法规，这些绝大部分都是在改革开放之后制定的，它们是改革的重要成果，我们要十分珍惜这些法制建设的成就。无论何时何地，都必须敬畏法律，遵守宪法和法律应是一切改革的出发点和立足点，宪法和法律的权威不容置疑。

第二，完善立法，用立法引领改革。处理好改革决策和立法决策的关系，把深化改革同完善立法有机地结合起来。法律不是一成不变的，改革对法律的突破一定要有章可循。制度化、公开化的改革，可以克服改革的不确定性问题。要先立法，后行动，做好法律的立、改、废工作。该制定法律的就制定，该修订法律的就修订，该废止的就废止。凡是试点的，都必须有法律规定或者法律授权，没有法律规定和法律授权不得试点。

第三，严格执法，不变相回避法律。改革不是"拆东墙补西墙"的权宜性解决问题，而是使改革成为解决问题的科学方法，使改革融入建立制度之中。"重大改革都要于法有据"，总原则是要利国利民，要坚持依法治国，不可以言代法，不可以权代法，不可以文件代法，使这种制度和法律不因领导人的改变而改变，不因领导人看法和注意力的改变而改变。

改革是社会共识，遵循法治路径当是共识中的共识。确保改革在法治轨道上推行，既不能僵化执行法律条文，也不能将法律降格为单纯具有"保驾护航"功能的手段。法治是改革的保障，也是改革的内容。在价值层面上，我们应当通过对法治精神的不断倡导，真正在全社会确立法治至上的国家价值观，使全社会都尊法、学法、守法、用法，树立牢固的法治理念。

二、改革和法治如鸟之两翼、车之两轮

当前，在"四个全面"战略布局中，全面建成社会主义现代化国家是战略目标，全面深化改革、全面依法治国、全面从严治党是三大战略举措。实现战略目标，三个战略举措一个都不能缺。不全面深化改革，发展就缺少动力，社会就没有活力；不全面依法治国，国家生活和社会

生活就不能有序运行，就难以实现社会和谐稳定；不全面从严治党，党就做不到"自身硬"，也就难以发挥好领导核心作用。我们在完成全面建成小康社会战略目标后，开启了全面建设社会主义现代化国家新征程，改革发展进入攻坚期和深水区，经济发展进入新常态，我们党面临的改革发展稳定任务之重前所未有、矛盾风险挑战之多前所未有，依法治国在党和国家工作全局中的地位更加突出、作用更加重要。

全面依法治国是全面建设社会主义现代化国家的必由之路。在"四个全面"战略布局中，全面建设社会主义现代化国家与全面依法治国是目标与措施、目的与途径的关系。战略举措服从战略目标，战略目标依托战略举措。全面依法治国是全面建设社会主义现代化国家的内在要求和必由之路。从现代化进程看，全面依法治国是全面建设社会主义现代化国家、实现中华民族伟大复兴的内在要求，法治化是现代化的必由之路。

改革与法治互为动力、相辅相成。习近平总书记形象地说，要让全面深化改革、全面推进依法治国如鸟之两翼、车之双轮，推动全面建成小康社会的目标如期实现。2014年12月31日，习近平总书记发表二零一五年新年贺词强调指出，我们要继续努力，把人民的期待变成我们的行动，把人民的希望变成生活的现实。我们要继续全面深化改革，开弓没有回头箭，改革关头勇者胜。我们要全面推进依法治国，用法治保障人民权益、维护社会公平正义、促进国家发展。我们要让全面深化改革、全面推进依法治国如鸟之两翼、车之双轮，推动全面建成小康社会的目标如期实现。2016年7月1日，习近平总书记在庆祝中国共产党成立95周年大会上讲话再次强调，改革和法治如鸟之两翼、车之两轮。我们要坚持走中国特色社会主义法治道路，加快构建中国特色社会主义法治体系，建设社会主义法治国家。全面依法治国，核心是坚持党的领导、人民当家作主、依法治国有机统一，关键在于坚持党领导立法、保证执法、支持司法、带头守法。要在全社会牢固树立宪法法律权威，弘扬宪法精神，任何组织和个人都必须在宪法法律范围内活动，都不得有超越宪法法律的特权。

只有在法治下推进改革、在改革中完善法治，"鸟之两翼、车之双轮"才能更好发挥作用。一方面，改革必须于法有据。全面深化改革只有在法治的轨道上推进，才能保证改革航船不会跑偏甚至倾覆；另一方面，法律必须与时俱进。法治领域也是改革的重要方面，不适应时代要求的法律法规必须废止和修订。法治是国家治理体系和治理能力现代化的重要依托，中国特色社会主义法治体系本身就是中国特色社会主义制度的重要组成部分。中国特色社会主义法治体系作为国家治理体系的骨干工程，其要义是不仅改革本身需要法治保障，改革的成果也需要以法律的形式固定下来加以保障。

三、更好发挥法治对改革的引领和保障作用

市场经济本质上是法治经济。没有法治保障，市场经济难以持续发展；没有市场经济作为基础，法治也会因为缺少内在的价值和灵魂而很难确立权威。

当前，虽然我们仍有很大增量财富创造的空间，但速度已然在放缓，民众享受到经济高速发展带来的好处的同时，对公平正义的诉求更加强烈。不患寡而患不均，民众更关心的问题转向公平正义与社会安定。无论是公平正义还是社会安定，都需要法治的强有力保障。我国经济持续 40 多年高速发展，存在的一个突出问题是没有解决好发展的公平性，没有使得发展成果更多更公平惠及全体人民。新时代的全面深化改革，一个贯穿始终的价值主线，就是坚持以人民为中心的发展思想，让发展成果更多更公平地惠及全体人民。

要化解发展与稳定的矛盾，推动经济社会又好又快发展，关键在于善用法治思维与法治方式，通过建立完善和严格执行法律制度实现民主决策、依法决策、科学决策，让人民群众更多地参与到经济社会发展的各项决策中来，让政府的决策更多地体现法治的精神和法治的要求。无论是教育改革、医疗改革，还是养老改革、户籍改革、收入分配改革等这一些触及人们核心利益的改革，只有经过科学论证、充分博弈，在协商基础上达成必要的共识，整个社会为改革所付出的成本和代价才会降到最低，稳定的目标才会实现。改革不可能没有阵痛，但是通过法律博弈凝聚起来的改革共识会降低阵痛的烈度，从而达到积极稳妥推进改革、维护社会和谐稳定的目的。

经过40多年不断地完善，我国现有的法律体系总体上合乎民意国情，合乎法律基本原理，但在执法环节还存在不少问题，宪法法律赋予公民的权利有时还得不到完整体现，公民的人身权、财产权有时还得不到切实保障，违反宪法法律的行为有时还得不到及时有效的处理。当前的改革步入深水区，社会转型、矛盾日益凸显，多年遗留下来的经济与社会发展中积累的问题大多触及深层矛盾和冲突。只有依法而行的改革才能更大凝聚改革共识，更顺利解决改革过程中的矛盾和问题，有助于改革突破旧体制、旧习惯、旧利益格局的束缚。现代社会必然是法治社会，中国梦必然包含着法治梦。实现中华民族伟大复兴，不仅指实现物质层面的民富国强，还包括实现制度和价值层面的文明复兴。法治是人类政治文明的重要成果，是现代制度文明的精髓，也是中华民族伟大复兴的重要支柱与重大标志。实现中华民族伟大复兴的中国梦，就必须坚定不移走中国特色社会主义法治道路，建设中国特色社会主义法治体系，创造中国特色社会主义法治文明。当前，百年未有之大变局正加速演进，中华民族伟大复兴战略全局进入关键时期，我们面对的改革发展稳定任务之重前所未有、矛盾风险挑战之多前所未有。面对新形势新任务，只有全面推进依法治国，坚决维护宪法法律权威，更好发挥法治的引领和规范作用，才能更好统筹社会力量、平衡社会利益、调节社会关系、规范社会行为；只有依法维护人民权益、维护社会公平正义、维护国家安全稳定，才能为全面建设社会主义现代化国家、全面推进中华民族伟大复兴提供有力法治保障。

第五讲　各项改革措施都要体现惩治和预防腐败要求

一、廉洁改革是全面深化改革的必然要求

伴随着党的十八届三中全会全面深化改革号角的响起和十八届四中全会全面推进依法治国战略的确定，中国开始进入了改革发展的关键阶段。为了更好地汇聚力量、凝聚共识，更好地实现经济发展、政治清明、文化繁荣、社会公正、生态良好，我们的改革发展必须以法治思维和法治方式推进，确保改革的合法性和正当性。转型时期的全面深化改革涉及权力结构调整、利益格局分配等根本问题，在制度建设还不完善的情况下，容易出现结构性腐败、制度性腐败现象，因此，在全面深化改革的同时必须要旗帜鲜明地反对腐败，将廉洁文化建设和反腐败斗争贯穿于改革的全过程各方面。

廉洁清正是全面深化改革的本质要求，也是全面推进依法治国战略的必然结果。中国40多年的改革实践和经验表明，改革本质上是国家权力结构的重新调整，是既得利益格局的再次分配。由于国家权力具有扩张性、

寻租性和易蚀性的性质，如果在改革过程中不正视改革自身的廉洁性，那么改革就容易异化为权力自身及掌权者的自我逐利和自我寻租过程，改革自身就会失去合法性和正当性。2014 年 1 月 14 日，习近平总书记在十八届中央纪委三次全会上强调，各项改革举措要体现惩治和预防腐败要求，同防范腐败同步考虑、同步部署、同步实施，堵塞一切可能出现的腐败漏洞，保障改革健康顺利推进。这实际上就宣示了中国的全面深化改革必须要以廉洁思维和廉洁方式推进，中国的政治建设必须要以预防腐败、惩治腐败为直接目的。

改革是中国发展的最大红利，在改革开放的基础上继续全面深化改革是建设社会主义现代化国家、实现中华民族伟大复兴中国梦的必由之路。但是改革同时又意味着权力结构的重新调整和既得利益格局的急剧变动。当前的腐败多发易发，一方面是源于腐败官员的理想信念淡薄、宗旨意识薄弱，另一方面也源于我们制度本身的问题，如制度规定的不完善、制度的保障不力、制度的部门化利益倾向等。在国家权力运行制约和监督体系还不十分完善的情况下，权力很容易利用制度漏洞寻租腐败，权钱交易，官商勾结，使得本应廉洁公正的国家权力走上贪污异化的歧途，影响和破坏改革的深入开展。因此，在改革过程中，必须强调和重视改革本身的廉洁性问题，将廉洁作为全面深化改革的内在要求，让廉洁成为衡量改革是否成功的镜子、规矩与标尺。我们推进的全面深化改革在性质上必须是廉洁型改革，必须要经得起廉洁的评估考验。从反腐败的要求来看，全面深化改革的核心要求有三个：一是改革本身必须是廉洁的，二是改革措施能够体现惩治腐败要求，三是改革措施能够促进预防腐败建设。这也体现了全面深化改革与反腐败的之间的密切关系。

二、将预防腐败工作与各项改革同步推进

全面深化改革，根本在改革，关键在深化，重点在全面。改革意味着利益格局调整，深化意味着调整幅度和力度的空前，全面意味着调整领域和范围的广泛，全面深化改革实际上是现有利益格局的广泛、深刻调整，意味着利益体系的重新分配。在利益格局的调整和利益体系的分配过程中，如果不注重改革措施的廉洁性，那么改革就有可能沦为既得利益集团的自我利益分配，就会丧失改革的合法性和正当性。因此，在全面深化改革过程中，特别需要加强党风廉政建设和反腐败斗争，努力做到各项改革措施都要体现惩治和预防腐败要求，确保全面深化改革的廉洁公正。2014 年 1 月 14 日，在十八届中央纪委三次全会上，习近平总书记强调指出，历史经验告诉我们，改革是一个破旧立新的过程，如果不注意配套和衔接，不注意时序和步骤，也容易产生体制机制上的缝隙和漏洞，为一些人提供寻租、搞腐败的机会。当前，全面深化各领域改革，必须更加注重改革的系统性、整体性、协同性，同防范腐败同步考虑、同步部署、同步实施，保障改革健康顺利推进。随着全面改革深入推进，各个领域都有可能会出现腐败现象滋生蔓延的机会，因此，要将预防腐败工作与各项改革同步推进，要坚决惩治改革过程中伴生的腐败问题，要进一步加强反腐倡廉法规制度建设。改革开放以来，随着市场经济的发展，人们对利益尤其是物质利益的重视程度不断提高，这在推动经济发展的同时也滋生了一些人的惟利是图思想。党员干部因其手中掌握着公共资源的分配权力，更容易走向腐败。因此，解决改革过程中出现的腐败问题的方法，应当通过继续深化各方面制度和体制机制的

改革，从源头上消除腐败得以滋生的土壤。[1]

首先，在全面深化改革措施中体现惩治和预防腐败要求是全面深化改革的起点归宿。全面深化改革的直接目的就是促进社会的公正发展，改善人民生活，增进人民福祉，让人民过上幸福安康的美好生活。改革开放以来，我国的经济发展水平迅速提高，社会发展也取得巨大进步，为如期实现党和国家的奋斗目标奠定了良好的物质基础和社会条件。但是，这些成绩距离广大人民群众对美好生活的期盼还有一定的距离，尤其是转型时期的利益格局调整导致的贫富差距问题、少数领导干部的贪赃枉法、以权谋私导致的贪腐问题，如不认真重视解决会影响改革的合法性和正当性，进而影响党的领导。因此，在全面深化改革过程中，我们必须从起点上保证改革的廉洁公正，更加注意解决广大人民群众关心的切身利益问题，加大党风廉政建设和反腐败斗争力度，严惩腐败，严肃党纪，确保让人民群众充分享受到改革发展的成果。

其次，在全面深化改革措施中体现惩治和预防腐败要求，是确保广大领导干部在全面深化改革过程中坚持先进性和纯洁性的迫切要求。我们说要进行的全面深化改革，涉及经济、政治、文化、社会、生态文明体制和党的建设制度改革等多个领域，其复杂性、广泛性、深刻性前所未有，给我们广大领导干部也带来了极大的冲击和影响。历史和现实的经验表明，在社会转型、经济转轨的变革时期，往往也是腐败现象的高发时期，尤其是一些权力集中、资金密集、资源富集的领域和部门更是容易成为腐败的多发地带。因此，越是强调全面深化改革，越是要重视党风廉政建设和反腐败工作，对改革过程中可能出现的腐败行为，防患于未然，及时预警，抓紧预防，避免出现塌方式腐败和系统性腐败。对于改革过程中已经产生的腐败问题，要明确态度，坚决查处，做到有案

---

〔1〕　张荣臣编著：《深入推进党风廉政建设和反腐败斗争》，中国方正出版社 2014 年版，第 104 页。

必查、有贪必肃，不管职位高低，不论涉及到谁，一查到底，绝不姑息，形成坚决反腐的高压态势，铲除腐败滋生蔓延的土壤和条件，确保广大党员干部的先进性和纯洁性，确保全面深化改革沿着正确的发展方向前进。

第三，在全面深化改革措施中体现惩治和预防腐败要求，是协调推进"四个全面"战略布局的本质需要。协调推进"四个全面"战略布局，全面深化改革是核心。因为，政治的稳定、经济的发展、社会的进步、生态的改善归根结底都取决于改革的成功与否。而改革则与反腐败密切相关：腐败盛行，则改革不成；改革成功，则反腐成功。因此，全面深化改革与消极腐败是水火不相容的。全面深化改革对于改革自身的廉洁性、公正性、系统性、整体性提出了更高的要求，要求在推进改革的同时，必须做好党风廉政建设和反腐败工作，把惩治和预防腐败与全面深化改革紧密结合起来，将惩治和预防腐败要求贯穿到全面深化改革过程之中，在设计和执行改革方案的同时，对可能产生的腐败问题提前预判、认真研究，及时拿出有力的防范和治理措施。在制定具体改革方案时，坚持长远规划，强化顶层设计，注重统筹规划，把惩治和预防腐败的要求融入经济、政治、文化、社会和生态文明建设各领域各环节改革之中，为全面深化改革提供坚强保证。

三、坚决消除权力设租寻租空间

全面深化改革的重点在于界定清楚政府和市场的定位和界限，坚决消除权力设租寻租空间。党的十八届四中全会决定中明确规定："完善行政组织和行政程序法律制度，推进机构、职能、权限、程序、责任法定化。行政机关要坚持法定职责必须为、法无授权不可为，勇于负责、敢于担当，坚决纠正不作为、乱作为，坚决克服懒政、怠政，坚决惩处失职、渎职。行政机关不得法外设定权力，没有法律法规依据不得作出减损公民、法人和其他组织合法权益或者增加其义务的决定。推行政府权力清单制度，坚决消除权力设租寻租空间。"习近平总书记在《关于〈中共中央关于全面推进依法治国若干重大问题的决定〉的说明》中也专门指出："政府是执法主体，对执法领域存在的有法不依、执法不严、违法不究甚至以权压法、权钱交易、徇私枉法等突出问题，老百姓深恶痛绝，必须下大气力解决。全会决定提出，各级政府必须坚持在党的领导下、在法治轨道上开展工作，加快建设职能科学、权责法定、执法严明、公开公正、廉洁高效、守法诚信的法治政府。全会决定提出了一些重要措施。一是推进机构、职能、权限、程序、责任法定化，规定行政机关不得法外设定权力，没有法律法规依据不得作出减损公民、法人和其他组织合法权益或者增加其义务的决定；推行政府权力清单制度，坚决消除权力设租寻租空间。"[1] 因此，在全面深化改革过程中，需要着重注意公权力和经济领域之间的利益输送关系，防止权力腐败现象的发生，尤其是预防与避免权力寻租行为的发生，确保公权力行使的廉洁性和全面深化改革的廉洁性。

从理论上看，寻租（rent-seeking）最初是经济学界使用的一个概念，后来随着寻租理论的逐渐发展，其内涵和外延不断扩大，现在已经成为经济、政治、社会、法律领域不可回避的重要课题之一。寻租理论最早起源于租金理论，租金在本来意义指的是地租，后来引申为一切稀缺的生产要素所带来的超额收入。在影响生产要素的诸多因素中，政府无疑是最有支配力的因素之一，因为政府的管制行为可以在很大程度上影响市场的运转，造成生产要素的人为稀缺，从而产生超额收入。因此，现代经济学中的租金概念，泛指一切超额收入，其中就包括公权力对经济领域的干预和管制所造成的超额收入。一般认为，所谓寻租，是

---

[1]　习近平：《论坚持全面依法治国》，中央文献出版社 2020 年版，第 97 页。

指某些个人或团体为了获得自身超额收入而对政府决策或政策施加影响，以争取有利于自身再分配的一种非生产性活动，即合法或非法的权钱交易。从寻租的概念可以看出，政府的行政管制和政策干预可以创造出超额收入，为了获取这种超额收入，自然会有人积极地寻求行政管制和政策干预。而在所有的获取超额收入的手段中，公共权力的管制和干预最直接也最有效。因此，寻租往往指的是权力寻租，即公共权力为了获取高额租金而对经济活动的人为干预和管制。在这个意义上，所谓权力寻租是指公共权力掌握者以权力为筹码来获取自身超额经济利益的一种非生产性活动。在市场条件下，权力本身也是一种稀缺资源，具有可交换性，可以和其他市场资源进行交换。权力寻租的实质是把权力商品化或权力资本化，将权力视为一种资本，去参与市场中的商品交换，获取经济利益。权力寻租的表现方式有很多种，常见的权钱交换、权物交换、权色交换、权权交换都是权力寻租的具体表现形式。一般来说，传统经济交换所获取的利益收入是合理、合法的，而权力寻租获得的利益收入则是不合理、不合法的。因为，一旦权力进入交换领域，带来利益和收益，就会成为权力腐败的源动力，加速权力的腐败和异化。

因此，从性质上看，权力寻租是一种权力的异化和腐败行为，是公权力插手经济活动领域意图获得额外收入的权力不当行使行为。在经济学理论上，权力寻租行为是一种纯粹的财富性转移活动或非生产性活动，权力寻租行为本身不产生任何经济效益，也不创造任何社会财富，它仅仅意味着社会财富在不同群体之间的再次流转分配。更为严重的是，这种利益之间的流转分配通常意味着掌握公权力的政府和强势既得利益集团对弱势群体的掠夺，容易产生利益分配上的不平等和社会矛盾的激化，造成社会秩序的严重失衡和经济秩序的严重破坏，因此，从经济学角度来看，需要对权力寻租行为进行规制治理。由于我国一直存在强政府、弱社会的发展格局，政府和其他公权力部门在经济发展其中至关重要的作用，这就使得我国的公共权力和经济发展的关系非常密切，为公共权力的寻租行为提供了广泛的空间和可能性，也使得我国市场经济发展一直脱离不开权力干预、权力腐败的阴影。在我国，权力寻租行为对经济社会发展的危害极大，最主要的体现为以下几个方面。

首先，权力寻租行为会给权力掌握者和行使者带来超额的经济利益，容易导致官员腐败现象的多发，引起政府失灵现象的出现。从功利主义的角度来，每个人都是经济利益最大化的产物，都会追求自身的最大利益，而一旦权力寻租行为可以带来超额的经济利益，就会形成一种不良示范，使得其他公共权力加入寻租的队列之中。基于利益的诱惑，有些权力部门不仅会在行使权力的时候故意刁难来寻求超额利益，而且还会在不具备条件的情况下，主动利用手中的管制权力设置条件，来为权力寻租行为提供可能性。面对权力部门的寻租行为，市场活动主体没有办法予以避免和预防，为了避免更大损失的发生，只能默认这种权力寻租行为的存在，使得权力寻租行为逐渐成为一种潜规则。单个企业的这种貌似理性行为在整个市场体制下就成为一种无理性的行为，助长了权力寻租行为，加剧了腐败行为的泛滥。反过来，腐败行为的泛滥又会催生更多的权力进行寻租，使得政府手中的权力违背权力行使的初衷，导致政府失灵现象的发生。因此，权力寻租最大的危害是诱使公共权力的不当行使，引发权力滥用和腐败现象的泛滥。

其次，权力寻租行为会妨碍市场经济体制的有效运行，造成市场失灵现象的发生。在市场经济体制下，资源的有效配置是通过市场竞争来完成的，优胜劣汰是市场竞争的必然产物。但是在权力寻租情况下，市场资源的有效配置机制被扭曲了，市场的优胜劣汰作用也无法发挥应有的作用。本来可以通过市场竞争来实现的资源配置，在权力的管制和干预之下，变成了权力的主动分配，权力对市场活动起着决定性的主导作用，企业的生存发展不需要通过市场来证明，只需要获得权力的关照即可。这种导致了大量的企业不是将资源和资金用在降低成本、经济创新上来，而是将重点放到政府权力的特许和关照上。获得政府特许牌照的企业无异于获得了市场竞争的护身符，可以在屹立于市场经济而不倒，这样它自然就没有强烈的经济动力去降低成本、提高质量、改进技术、改善管理，市场竞争力无从增强，社会的经济效率也无从提高，从而导致市场失灵现象的发生。

最后，权力寻租行为会诱发社会道德的加剧沦丧，引发严重的社会问题。权力寻租行为违反了公平竞争的市场原则，违背了公平正义的社会规范，是一种不道德的社会行为。它迷信权力至上、金钱至上、关系至上，将市场经济下的竞争原则和社会正义下的公平公正抛在一旁，利用权力的管制和干预建立起权力、金钱和关系三位一体的畸形体制。这种体制严重侵害了市场经济的活动基础，导致了市场利益分配机制的极度扭曲，严重侵害了其他市场活动主体的合法权力，使得正常的市场体制严重遭到破坏，引发社会风气的恶化，最终导致社会道德的集体沦丧。权力寻租行为造成的一些政策性问题，如地方保护主义、部门保护主义不仅会阻碍市场资源的正常竞争，同时还会妨碍市场资源的有效流动，诱发贸易壁垒和贸易争端，加剧主体市场之间的不信任。在权力寻租盛行的体制下，企业获得经济利益的最主要因素不是提高技术和改进质量，而是依靠权力的支持获得政策性特许，排除其他市场主体的合理有效竞争。所以，企业的重心不是放在市场竞争上，而是放到了如何进行权力寻租上，导致了市场竞争不充分，企业竞争程度低，引发一系列严重的社会性问题。

因此，权力寻租行为对于市场经济、政府运行和社会风气都有很大的破坏作用，需要我们按照习近平总书记关于深入推进反腐败斗争的指示要求，采取有效措施对权力寻租行为进行积极的预防与惩治，以尽大可能地消除权力寻租带来的消极后果，确保全面深化改革的顺利进行。

第一，权力寻租行为的制度预防：转变政府职能。权力寻租行为产生的一个根源是政府权力的不受制约。权力寻租行为范围的大小与政府在经济活动中的管制领域的大小密切相关。只有管住政府的手，遏制政府权力干预和管制经济活动的冲动，才能从根本上预防权力寻租行为的发生。这就需要重新定位政府权力，积极转变政府职能，将政府权力牢牢限定在公共领域，让政府充分发挥其提供公共产品、维护公共秩序的公共职能。在这个意义上，建设法治政府，实现有限政府是预防权力寻租行为的根本之策。有限政府是相对于无限政府而言的，在无限政府模式下，政府作为国家权力的集中行使者，管理的范围涉及社会的方方面面，上至国家行政机关之间的权力得分配与协调，下至普通民众的衣食住行，无所不管，但是没有一个能真正管理得好。这种无限政府模式的弊端在我国以前的计划经济体制模式下体现得一览无余。政府权力的急剧扩张，最终导致社会权利和个人权利的极度萎缩。国家机构的人员膨胀，人浮于事，效率低下，而社会成员的一切生活全部依赖于国家行政机关的安排，也缺少创造与劳动的激情，所以无限政府的一个直接后果就是国家运行效率的整体低下。而有限政府则正好能克服无限政府所带来的弊端。首先，有限政府的职能有限：有限政府的职责和功能的发挥必须限制在一定的范围内，作为国家公共权力的执行机关，政府应当集中精力来完成一些重要的、基础性的公共事务，尽量做到较少从事细节性和具体性公共事务，绝不允许政府干涉公民的私人事务。其次，有限政府的权威有限：在现代民主社会里，政府的权威来自宪法和人民的意志，而这种权威本身又应当是一种有限的权威，它只能在公共领域中的某些部分发挥作用，而且要受到立法和司法权力的限制。最后，有限政府的自身规模有限：一个全能政府必定是一个机构臃肿、人浮于事的"大政府"，而有限政府则应当是一个机构精简、工作高效的"小政府"，有限政府的自身规模也一定相对较小，其扩张趋势必然受到各方面力量的限制。从预防权力寻租的角度来看，权力寻租行为与政府权力的无限扩大、政府权力肆意插手经济活动密切相关。在建设有限政府之后，政府的权力范围受到明确限制，政府插手经济活动也受到明确的制约，可以尽大可能地减少权力寻租的范围，减少权力腐败的可能。

　　第二，权力寻租行为的市场预防：完善市场体制。权力寻租行为产生的另一个根源是市场体制自身的不完善，资源配置还无法完全依靠市场来实现，只能借助于政府权力这个"有形的手"来实现。在成熟完善的市场经济体制下，权力是无法公然寻租的，也不存在着权力寻租的土壤和空间，因此，要想减少权力寻租行为，就需要完善市场经济体制，创造良好的市场竞争环境，从根本上减少权力寻租的空间。这就需要加大市场化改革力度，积极推进市场经济体制改革，正确处理好政府和市场之间的关系，真正实现让市场在经济资源配置中起到决定性作用。同时，还需要限制政府权力对经济活动的直接干预，打破权力部门和准权力部门对市场资源的垄断，真正放开市场，让市场主体在充分良性的市场竞争中优胜劣汰。最后，还需要建立与市场经济相适应的激励机制和约束机制，让权力部门和社会公众充分享受经济发展的成果，减少权力寻租和权力腐败的内因。因此，在转变政府职能、建设有限政府的过程中，要尊重市场经济的运行规律，推进公共服务体制改革，减少权力寻租的范围和可能空间。比如说，可以通过引入市场机制来改善提供的公共服务，实现政府部分职能向市场的过渡。在公共服务领域，打破政府对能源、通信、城市公用事业等公共设施领域的垄断和管制，引入竞争机制，把市场能做的事交给市场来做，让政府官员的权力有限化、透明化。除了限制政府权力之外，要想根除权力寻租行为，还需要规范政府行为，改革行政体制，加强决策权、执行权和监督权之间的相互制约，提高政府的治理能力和管理水平，减少权力寻租的制度空间。

　　第三，权力寻租行为的法律预防：加强制度建设。权力寻租行为的发生与制度建设的缺失密切相关，实际上，政府权力的无限扩大和经济体制的不完善都是制度建设不完善的具体体现。因此，要想从根本上限制政府权力，完善市场体制，需要大力加强制度建设。制度，一般是指社会中调整特定关系的一系列习惯、道德、法律、规章、规定等的总和，是要求社会成员共同遵守的办事规程或行动准则的统称。制度建设是指制定制度、执行制度并在实践中检验和完善制度的动态过程。对于制度建设的重要性，邓小平同志曾明确指出："制度问题更带有根本性、全局性、稳定性和长期性"，[1] 党的十八大报告提出："要把制度建设摆在突出位置"。党的十八届三中全会明确指出："将权力关进制度的笼子里"。党的二十大报告强调，完善党的自我革命制度规范体系，坚持制度治党、依规治党，以党章为根本，以民主集中制为核心，完善党内法规制度体系，增强党内法规权威性和执行力，形成坚持真理、修正错误、发现问题、纠正偏差的机制。

因此，加强制度建设，增强制度执行力，提高治理水平，对于国家、社会的科学发展、规范运行都有着十分重要的意义。在我国的发展中，国家权力起着至关重要的决定性作用。借助于这种强烈的国家主义情结，我们可以充分利用国家权力的权威性、感召力以及社会主义制度的优越性，集中力量办大事，短时间内聚集大量人力物力财力，动员一切可以团结的力量，为第二个百年奋斗目标的实现统筹规划、积极作为。但是，我们也应该看到，国家权力是一把双刃剑，它在促进经济社会发展的同时，权力的寻租行为也会破坏经济秩序、腐蚀政治清明、侵害人民权利，给党和国家事业带来难以估量的恶劣影响和负面作用。正是由于国家权力的双重性，所以要加强对权力运行的制约和监督，把权力关进制度的笼子里，形成不敢腐的惩戒机制、不能腐的防范机制、不易腐的保障机制，从而通过制度建设的形式，达到遏制权力滥用，消除

---

[1]《邓小平文选》第二卷，人民出版社1994年版，第333页。

权力腐败、监督权力运行的最终目的，为消除权力寻租行为确立良好的制度前提。

要想完成这个重任，我们首先要遵循制度建设基本规律，大力提升制度建设水平。需要进一步明确，我们之所以要进行制度建设，其理论预设是国家权力的腐败滥用倾向和人性中的幽暗意识。因此，制度建设针对的主要是权力腐败滥用的本性，目的是想通过科学合理的权力运行程序和规范完善的权力运行结构来达到限制权力滥用、预防权力腐败的效果；同时，制度建设还针对人性本恶的价值预设，目的在于通过制度建设的规范性、程序性和稳定性，尽可能地预防和避免人性中的贪图享受、好逸恶劳、贪婪自私等幽暗意识给社会发展所带来的破坏性、恣意性和不确定性。首先，我们要按照制度建设基本要求，规范完善制度体系。制度建设是预防权力寻租行为的重要保障，在加强权力制约体制和市场经济体制建设的同时，我们应当按照制度建设的基本要求，确立制度目标，完备制度体系，确保制度执行力。其次，我们应当建立权力寻租的事前监督机制，将权力寻租行为遏制在未然，这就需要加大权力寻租行为的机会成本，增加权力寻租行为的预期成本，减少权力寻租行为的预期收益，在曝光风险增大的情况下，权力寻租行为自然会有所减少。再次，健全完善相关法律建设，为市场经济创造一个良好的外部环境，减少权力寻租的活动空间。在市场经济体制确立以后，我国通过了大量的立法来保障市场经济的发展，但是与成熟的市场经济相比，我国的法治建设仍然还不够完善，需要进一步加强。最后，建立严厉有效的事后监督机制，加大对权力寻租行为的惩治力度，坚持严字当头，坚持高压反腐，增强惩罚的威慑力和制度的权威性。

第六讲　既要摸着石头过河，又要加强顶层设计

一、改革攻坚重在加强顶层设计

全面深化改革是一场深刻革命、一项崭新事业、一个系统工程，必须通过加强顶层设计和整体谋划去推进。党的十八届三中全会通过的《决定》指出："加强顶层设计和摸着石头过河相结合，整体推进和重点突破相促进，提高改革决策科学性。"进入新时代，改革开放40多年成功实践与辉煌成就，足以彪炳史册、光耀千秋，为何还要强调重视改革顶层设计、怎样理解改革顶层设计、如何加强改革顶层设计等问题，需要从理论和实践的结合上进行探索回答。习近平总书记强调指出，改革开放在认识和实践上的每一次突破和发展，改革开放中每一个新生事物的产生和发展，改革开放每一个方面经验的创造和积累，无不来自亿万人民的实践和智慧。要鼓励地方、基层、群众解放思想、积极探索，鼓励不同区域进行差别化试点，善于从群众关注的焦点、百姓生活的难点中寻找改革切入点，推动顶层设计和基层探索良性互动、有机结合。中国特色社会主义进入新时代，

回顾中国共产党带领中国人民进行改革开放的伟大历程，展望中华民族光辉灿烂的明天，唯有坚持在全面深化改革中推进顶层设计和基层探索良性互动、有机结合，才能更好地循着正确路径、找到科学办法、凝聚强大力量，更加坚定中国特色社会主义道路自信、理论自信、制度自信、文化自信，更加自觉地投身到改革开放的历史潮流。

（一）改革顶层设计至关重要

顶层设计，最初出自大型工程技术领域，仅是一个设计理念，要求工程项目实施前先运用系统论的方法，对工程方案进行总体构想和战略设计，便于工程过程中有方向、目标及对施工重点、进度等有准确把握与必要遵循。后来，这一理念被引用到社会科学领域，引伸为突出全局眼光、整体视野、战略构想和理性思维，进行总体设计和全面规划，力求设计方案和建设规划科学合理、切实可行。重视改革顶层设计，就是要求以战略思维、全局视野对改革的各方面、各层次、各要素进行统筹考虑系统规划，进而明确改革的整体思路、基本方向、重点任务等，以便在全面深化改革进程中有所参照、遵循和把握。

改革是一场革命，改的是体制机制，动的是既得利益。如何改、怎么动，必须有科学规划、总体设计。面对人民群众新期待，中国共产党人必须更加坚定改革信心，以更大的政治勇气、政治智慧和责任担当，采取更加有力的措施和办法推进改革。全面深化改革，关键要有新的谋划、新的举措。加强顶层设计和整体谋划，要有强烈的问题意识，以重大问题为导向，抓住重大问题、关键问题进一步研究思考。要在基本确定主要改革举措的基础上，深入研究各领域改革关联性和各项改革举措耦合性，深入论证改革举措可行性，把握好全面深化改革的重大关系，使各项改革举措在政策取向上相互配合、在实施过程中相互促进、在实际成效上相得益彰。

　　不谋万世者不足谋一时，不谋全局者不足谋一域。目前，改革已进入"深水区"和"攻坚期"，进入整体推进、全面深化的新阶段，牵扯面更广，关联性更强，因而难度更大、风险更大，要求必须树立全局眼光和战略思维，注重搞好顶层设计。只有把各项改革的关联性、系统性、可行性研究好，把改革目标、任务、重点、办法设计好，才能稳步推进改革，才能进一步调动各方面改革的积极性。随着经济社会的发展，各种深层次矛盾和问题日益凸显。要解决改革进程中的深层次矛盾和问题，就必须重视改革顶层设计，在全局上规划设计，在整体上明确安排。只有这样，才能提高改革决策的科学性、增强改革措施的协调性、求得改革发展的持续性，最大程度地规避风险。

（二）深入研究和推进改革顶层设计

　　当前，国内外环境发生深刻而复杂的变化。面对复杂的、不确定的发展环境与变化，只有审时度势、全面分析、精准把握、科学规划、有效应对、周密组织，才能保证紧跟时代步伐、踏上时代节拍、走在时代前列，才能全面建成社会主义现代化强国、实现第二个百年奋斗目标，以中国式现代化全面推进中华民族伟大复兴。

　　闭着眼睛捉不了麻雀，关起门窗造不出好车。推进全面深化改革，必须睁大眼睛、打开视野，看清形势、盯着需求，深入推进改革顶层设计。2014 年 2 月 8 日，习近平总书记接受俄罗斯电视台专访时指出："中国改革经过 40 多年，已进入深水区，可以说，容易的、皆大欢喜的改革已经完成了，好吃的肉都吃掉了，剩下的都是难啃的硬骨头。"[1]啃掉硬骨头，顺利涉险滩，敢于向积存多年的顽瘴痼疾开刀，就需要通过研究和推进改革顶层设计，打好全面深化改革这场攻坚战。研究和推进改革顶层设计，既要着眼长远，站在党和国家层面总揽全局，也要立

---

〔1〕　习近平：《论坚持全面深化改革》，中央文献出版社 2018 年版，第 84 页。

足眼前实际统筹各方利益；既要着手解决突出矛盾和体制障碍，也要通盘考虑各个环节的特点规律和配套衔接；既要突出重点推进经济体制改革，也要全面深化政治体制、文化体制、社会体制、生态文明体制和党的建设制度改革。

登高能望远，放眼可凌风。推进改革顶层设计，也必须站位高远、视野宽大，具备战略眼光与全局胸怀，既把握系统性和前瞻性，也要把握好独特性和实效性，力求改革的各个方面、各个环节都能成为一个有机的整体、有一套运转自如的机制和推进办法。就研究和推进改革顶层设计来讲，应把握好"五性"：一是全局性。顶层设计的应该是能够上升到全党全国层面的，包含着改革的主要方向、整体思路等等，着眼的是全局性、整体性和方向性。二是战略性。充分发挥党和政府领导改革作用，能够从总体上、长远上进行统筹规划，能够起到管长远、利万世的作用。三是系统性。涵盖改革的各领域、各方面、各环节，具有全方位、多角度、立体式的特征。四是层次性。就是要讲究分层次、分阶段、分领域、分项目推进改革，既从整体推进又突出重点，既有长远目标也有阶段任务，既全面推进也分项目展开。五是科学性。就是要研究规律、把握规律、遵循规律，严格按照规律推进改革，绝不能主观想像、一时兴起、短期行为。

（三）坚持用顶层设计推进深化改革

顶层设计，看的是全局，发挥的是制度力量。改什么、怎么改，需要什么样的体制机制保障，具有什么样的责任担当等等，都需要给予回应与设计。基层探索可以大胆，顶层设计必须谨慎。全面深化改革涉及众多利益各个领域很多环节，推进改革顶层设计时，必须加强宏观思考，着力体现改革的系统性、整体性、协同性，这就需要积极稳妥地处理好各个方面的关系。

1. 解放思想和实事求是的关系

解放思想是坚持实事求是的前提，思想解放了，才能更好地做到实事求是。不破除陈旧思想观念的束缚，不能勇于正视现实、正确揭示事物内部规律，就难以做到实事求是。思想一味僵化，拘泥于一些死教条，沿用一些旧招法，固守一些老经验，是不可能做到实事求是的。思想僵化，经验主义、教条主义、形式主义等就会严重起来，就会出现"照葫芦画瓢""邯郸学步""闭门造车"的问题，主动性创造性进取心就会消退，危机感责任感事业心就会缺失。实事求是是解放思想的目的。解放思想一旦离开实事求是，只能是脱离实际的胡思乱想。异想天不开，黄粱难美梦。解放思想和实事求是是辩证统一的，必须把二者结合起来。只有解放思想，才能做到实事求是；只有坚持实事求是，才能真正解放思想。解放思想必须立足实际，认真研究新情况，发现解决新问题，绝不能凭空臆想、简单蛮干。

2. 整体推进和重点突破的关系

坚持整体推进，就要在深化改革中强化全局眼光、整体思想和战略思维，坚持统筹兼顾、整体推进，坚持改革顶层设计与总体规划，坚持改革的系统性、整体性和协调性。整体推进不是不分主次、重点、时间和对象等，搞"眉毛胡子一把抓""上下一般粗"。必须坚持唯物辩证法，区分好主要矛盾和次要矛盾、矛盾的主要方面与次要方面，坚持两点论和重点论的统一，既统筹兼顾又能抓住重点，既突出主要矛盾又重视次要矛盾，既强调矛盾的主要方面又不忘矛盾的次要方面。当前，全面深化改革的任务异常艰巨，面临着诸多矛盾与挑战。在这些矛盾与挑战中，必须学会抓住主要矛盾和矛盾的主要方面，注重分出轻重缓急，继续在重点领域与关键环节上求突破，更好地起到牵引和推动作用。

3. 顶层设计和摸着石头过河的关系

改革顶层设计是理论层面、思想层面的，是一种主观的、理想化设计，需要经过实践检验与评判。推进改革顶层设计，就必须注重探索实践，将二者很好地一致起来。坚持改革顶层设计的方案既来自实践又高于实践，注重在实践中深入开展调查研究、探索完善，特别是要广泛问政于民、问计于民，让改革顶层设计更加科学更加接"地气"符合实践要求，绝不能搞"闭门造车""关门设计""异想天开"。对来自实践的经验探索，必须进行分析总结归纳，让其上升到理论高度，成为科学决策，成为原则法则，成为人们共同行动方案。

4. 胆子要大和步子要稳的关系

改革胆子要大，讲的是改革的决心勇气和智慧，讲的是改革的态度意志和毅力，需要做到坚定不移、自觉自信。改革步子要稳，讲的是改革的策略、艺术和方法，讲的是改革的要求、行动和遵循。改革胆子要大，绝不是要蛮干盲干瞎干，绝不是强调"一阵风""一声雷""一场雨"。改革步子要稳，也不是倡导懒散慢。处理好胆子要大和步子要稳的关系，就是要求在改革中既要态度坚决又要行动稳妥，既要讲究策略方法又要坚持稳步推进。需要注重大兴调查研究之风，善于在调查研究中拿出思路与举措；注重探索总结，充分运用好40多年改革开放积累的成功经验；要尊重群众首创精神，坚持问政于民、问需于民、问计于民，听取人民群众对深化改革的意见，集中群众的智慧和力量；要抓试点示范，在一些重大领域、关键环节上的改革，开展先行先试，确保稳步推开。

5. 改革发展稳定的关系

发展是第一要务，是硬道理，是解决一切问题的基础和关键。中国解决所有问题的关键要靠自己的发展。改革是经济和社会发展的强大动力，是社会主义制度的自我完善和发展。稳定是前提，稳定压倒一切。

无论改革还是发展都需要有一个稳定的社会环境作保证。稳定是改革和发展的前提，改革和发展必须要有稳定的政治和社会环境。没有稳定的政治和社会环境，一切无从谈起。40多年改革开放的伟大历史实践充分证明，改革、发展、稳定三者关系处理得当，就能总揽全局，保证经济社会的顺利发展；处理不当，就会吃苦头，付出代价。

二、持续深入推动基层探索实践

人民群众是历史的创造者。好的顶层设计，有了基层探索，就会让人民群众有更多的获得感、幸福感。加强顶层设计必须尊重基层实践和鼓励首创精神，必须了解基层所思、所为、所需，创造条件让不同群体的利益诉求都有机会充分表达，最广泛地掌握民情、吸纳民意、汇集民智、凝聚民心。

（一）让改革的思想深入人心

思想是行动的先导。有什么样的思想，就会有什么样的行动。要确保改革的顺利推进，就需要正确的思想引领，产生并形成强大的思想力量。正确思想的引领，强大思想力量的产生形成，来自宣传思想文化工作的不断加强和持续高效有力。越是改革进入攻坚期、深水区，越要紧密结合群众的思想特点和利益需求去做好思想工作和思想工作的各个方面。

让改革的思想深入人心，就要注重紧跟改革进程，紧贴基层建设实际和干部群众思想特点，全力抓好宣传思想文化工作的基础建设，及时构建现代宣传服务体系，完善运行机制，开展丰富多彩活动，形成全方位、立体式、全覆盖的学习宣传良好格局。及时搭建理论讲台、演艺舞台、交流平台，广泛开展互动式、问答式、交流式宣传宣讲活动，切实让基层干部群众参与到改革进程中来，让大家的思想与改革共鸣起来。对一些消极应付、敌视态度、迟滞行为及破坏行动，要敢于亮剑，敢于作坚决斗争，不断净化学习宣传的环境。

让改革的思想深入人心，就要注重围绕党中央要求，组织开展形式多样的解疑释惑活动，让干部群众在广泛的思想交融中增进共识、强化认同，进而奋发共进。注重采取多种方式，运用多种载体，把学习宣传贯彻党的改革开放政策与党的建设结合起来，与当前正在做的工作结合起来，与提高人的全面素质结合起来，确保学习宣传有速度、有热度、有广度、有深度、有实效。要通过组织学习研讨、开展各种评比竞赛活动等措施，深入挖掘学习宣传进程中的先进典型、先进事迹等，认真总结经验做法，不断提高学习宣传的实效。要开展经常性督促检查，既督查学习情况，又督查落实效果，及时发现和解决问题。

（二）让改革的举措落地生根

党的十一届三中全会以来，党团结带领全国人民进行改革开放新的伟大革命，破除阻碍国家和民族发展的一切旧思想旧观念和体制机制障碍，极大地激发了广大人民群众的积极性、主动性、创造性，极大地解放和发展了社会生产力，极大地增强了社会发展活力，人民生活显著改善，综合国力显著增强，国际地位显著提高。进一步全面深化改革，就必须用 40 多年改革开放的成功经验和取得的伟大成果，教育激励引导人民去继续进行伟大创新创造与探索实践。

坚定的信念、必胜的信心，是改革成功的动力和保证。改革开放让中国以世所罕见的速度发展起来，中国人民从未像今天这样接近实现中华民族伟大复兴的目标。越是这样的历史时刻，越需要每一名中华儿女都始终坚定改革信心、保持改革定力、鼓足改革士气、振奋改革精神、贡献改革智慧、投身改革行动。"石可破也，而不可夺坚；丹可磨也，而不可夺赤。"在道路、方向、立场等重大原则问题上，必须做到旗帜鲜明、态度明确、立场坚定，不能有丝毫含糊与犹豫。在政治制度模式上，就是要咬定青山不放松、任尔东西南北风。进行伟大斗争、建设伟大工程、推进伟大事业、实现伟大梦想，需要有"不到长城非好汉"的进取精神，需要有"乱云飞渡仍从容"的战略定力，亦需要有"数风流人物还看今朝""试看将来的寰球，必是赤旗的世界"的豪情壮志与坚定信念。党的二十大以巨大的勇气和智慧，擘画了新时代新征程全面深化改革的新蓝图，我们必须有把改革蓝图变成现实的信心，切实做到骨头再硬也不怕、险滩再深也不惧，只要敢闯善试、保持定力、勇往直前，就一定能够始终走在平坦的大道上，就一定能够做到"任凭风浪起，稳坐钓鱼台""长风破浪会有时，直挂云帆济沧海"。

民之所盼，政之所为。人民群众参与改革的热情，决定改革的深度广度力度及成效。没有群众的热情和主动，就难以夺取改革的胜利。老百姓是天，老百姓是地。忘记了人民，脱离了人民，就会成为无源之水、无本之木，就会一事无成。党的根基在人民、血脉在人民、力量在人民。群众最关注、最期盼、最需要的，就是改革的着力点和主攻方向。全面深化改革，必须始终把维护群众利益、增进人民福祉作为出发点和落脚点。激发群众参与改革热情，重要的是拓宽民主渠道、健全体制机制和创造有利条件。凡是涉及改革的"硬骨头"、涉及群众切身利益的重大改革举措，都要让人民群众参与进来。

人心齐，泰山移。中国特色社会主义进入新时代，社会主要矛盾已经转化为人民日益增长的美好生活需要和不平衡不充分的发展之间的矛盾，随着经济体制的深刻变革、社会结构深刻变动、利益格局深刻调整、思想观念深刻变化，统筹兼顾各方面利益的任务异常繁重艰巨，改革的阻力和难度空前加大，要求采取更加有力的举措促进改革信心的坚定、共识的形成和热情干劲的倍增。越是利益多元、观念多样、思想多变，越要注重解开思想上的扣子、解除锁在身上的链子，确保共同迈出推进改革的步子。只要把最广大人民群众的智慧力量凝聚起来，始终做到坚定信心、团结奋进、昂首前行，就一定能够取得改革的胜利。

（三）让改革的活力充分彰显

全面深化改革的任务越重，越离不开基层的探索实践。善于从群众关注的焦点、百姓生活的难点中寻找改革切入点，是改革不断取得成功的重要前提。重视基层探索实践，鼓励和允许不同地方进行差别化探索，要允许试错。

要让改革的活力充分彰显，就必须采取更加切实有效的措施办法。改革越向前，阻力越艰险，举措越难找。改革要想更加精准地对接发展所需、基层所盼、民心所向，就必须抓住群众反映强烈的问题，加大探索研究的力度，寻找更加鲜活有效的办法，最大限度地激发改革热情、鼓舞改革士气、振奋改革精神，切实让改革的活力始终彰显在改革的全过程。要始终依靠人民群众去创新创造，及时总结表彰，不断营造参与改革、推进改革的良好氛围。要注重在改革进程中及时查找问题、总结经验、探寻规律，力求形成理性认识和有效遵循。

要让改革的活力充分彰显，就必须始终保持与人民心心相印。党从建立之日起就始终把党的命运与人民的命运紧密联系在一起，把人民视为衣食父母，坚持从群众中来到群众中去，坚持全心全意为人民服务，全面改善人民生活，不断提高人民的幸福指数，从而密切了鱼水亲情。今天，在全面建成社会主义现代化强国、实现第二个百年奋斗目标，以中国式现代化全面推进中华民族伟大复兴的伟大征程上，全体党员干部必须始终把人民利益摆在至高无上的位置，同人民想在一起、干在一起，与人民心心相印、与人民同甘共苦、与人民团结奋斗，一件事情接着一件事情办，一年接着一年干，让改革发展成果更多更公平惠及全体人民，使人民获得感、幸福感、安全感更加充实、更有保障、更可持续。

　　要让改革的活力充分彰显，就必须始终坚持人民至上、情系人民。真正在与人民群众想在一起、干在一起中想群众所想、帮群众所帮、急群众所急、解群众所难，切实把党的温暖送到群众中，反映着党的形象，关系着党的作风，检验着党员干部党性觉悟、政治立场、责任担当与素质能力。坚持人民至上、情系人民，就要多和群众拉拉家常。在拉家常中启迪思想、找到办法、解决问题，照出党员干部的思想、觉悟、作风、素质和形象。坚持人民至上、情系人民，就要多了解群众生活，通过走、看、问、帮，弄清群众生活、生产、生计情况，及时给予解决，切实让群众心里热乎乎、暖洋洋。坚持人民至上、情系人民，就要多帮群众做点事。为群众做事，不吃亏，群众是衣食父母，"慈母手中线，游子身上衣"，我们的一切都是人民群众给予的。为群众做事，不落后，群众的眼睛是雪亮的，群众的智慧是无穷的，与人民在一起有地位有品位有滋味。为群众做些事一点都不难，难的是有功夫也不到群众中去，有时间也不思考为群众做点什么事、什么事可以做、做到什么程度、怎样才能做好做得让群众满意等等。帮助群众做事，就要做好日常生活上的事，柴米油盐酱醋茶，吃喝拉杂用住穿等等。帮助群众做事，就要做好生产工作上的事，农忙时节做什么，农闲时节做什么，平时做什么，逢年过节做什么，都是有规律可循的。帮助群众做事，就要做好群众心里想的事，比如来年生活有啥打算、如何搞好生产计划、怎么做好生活开支等。都需要帮助出点子，拿出具体办法。

三、把顶层设计和基层探索有机结合

　　改革顶层设计因为立足实际、着眼全局、把握总体、坚持从最顶层开始设计规划，因而具有较强的理论性、鲜明的导向性和复杂的系统性，能够更好地推进改革和激励基层探索实践。基层探索实践由于人民群众的广泛参与、主动实践、有效探索，形成了贴近实际、实在管用、具体可行的推进局部改革办法，可以破解一些难题和弥补设计规划的不足。坚持改革顶层设计的理论性、导向性、系统性与基层探索的广泛性、实践性、有效性紧密联系、有机结合，形成有效互动，就能让改革既高大权威又紧接地气，既有宏观指导又有微观探索，就能够始终保持改革的强大生机与活力。

（一）上下同欲者胜

2016年12月31日，习近平总书记发表二零一七年新年贺词时指出："上下同欲者胜。只要我们13亿多人民和衷共济，只要我们党永远同人民站在一起，大家撸起袖子加油干，我们就一定能够走好我们这一代人的长征路。"现在改革进入攻坚期和深水区，需要改的多是重大问题和敏感问题，不少触及深层次社会矛盾，涉及利益关系调整，是难啃的硬骨头。同时，国内外环境变化深刻，各种矛盾相互交织，不同诉求相互碰撞。改革的机遇前所未有，改革的复杂性、艰巨性和风险挑战也前所未有。现在遇到的深层次矛盾和问题，躲不开、绕不过、拖不得，不改没有出路，慢了会贻误时机，付出的代价将更大。必须以强烈的历史使命感和责任感，以壮士断腕的决心和勇气，坚定不移地推进改革。对不合理的既得利益，该调整的要坚决调整，该破除的要坚决破除，不能"前怕狼后怕虎""狮子翻身，拖泥带水"。

做到上下同欲，就要讲究策略和方法，审时度势、通权达变、相机而动，牢牢把握主动权，打好改革攻坚战。政策和策略是党的生命。改革要同心勠力，关键是各级领导干部率先垂范、以上率下。领导有决心，群众才有信心。各级领导干部必须以舍我其谁的担当精神、时不我待的责任意识、敢为人先的创新勇气去谋划和推动改革。要坚持用铁的肩膀负起该负的责任，做好该做的事情，切实把推动改革发展稳定的责任担起来，把从严管党治党的责任担起来，把本职工作责任担起来，做到守土有责、守土负责、守土尽责。要在大是大非面前做战士而不做绅士，敢于亮剑、敢于站出来说话、敢于表明态度，决不搞"爱惜羽毛"那一套。要不断强化为党分忧、为民尽责，自觉做到想作为、敢作为、善作为。同时，要讲清改革的重要性、紧迫性，帮助人民群众牢固树立与改革共命运、同担当的思想意识，切实打牢改革的社会基础。只要人民群众理解改革、支持改革、投身改革，形成了改革的强大合力，就能有效推进改革并取得成功。

做到上下同欲，需要在全面深化改革中做到同心同向同力同行。只有社会主义才能救中国，只有坚持和发展中国特色社会主义才能实现中华民族伟大复兴。坚持和发展中国特色社会主义是改革开放以来党的全部理论和实践主题，是当代中国发展进步的根本方向。实现中华民族伟大复兴，是近代以来中华民族最伟大的梦想，是激励中华儿女团结奋进、开辟未来的精神旗帜，凝聚着几代中国人的夙愿。只有把个人理想与国家理想一致起来，把个人发展方向与国家建设方向同步起来，自觉做到在坚持和发展中国特色社会主义道路上同心同向同力同行，才能有所作为、有所发展、有所进步，才能让自己的人生闪光。当前，改革进入攻坚期和深水区，需要全体党员干部，始终走在改革的最前列，牢固树敢为人先、敢于啃硬骨头、与改革共命运的意识，带头解放思想，以思想的解放推动工作的创新，凝聚一切可以凝聚的力量，激发一切可以激发的活力。要自觉撸起袖子加油干，永不自满，永不停步，持续发力，越是遇到阻力越要勇敢而上。要有敢下深水、敢涉险滩的闯劲，积极探索改革方法、勇于尝试改革新模式，全力绘制出全面深化改革的壮阔图景。要强化责任担当，自觉做到不忘初心，将改革进行到底。

（二）筑牢血肉联系

习近平总书记指出，要保持同人民群众的血肉联系，把立党为公、执政为民落实到全部工作中，认真贯彻党的群众路线，坚持人民主体地位，发挥人民首创精神，着力解决好人民群众最关心最直接最现实的利益问题，不断让人民群众得到实实在在的利益，充分调动人民群众的积极性、主动性、创造性。保持党同人民群众的血肉联系，不仅是态度感情问题，更是政治立场、政治本色问题。能否始终做到与人民群众心连心，始终保持同人民群众的血肉联系，是检验党员干部党性觉悟是否坚强、作风纪律是否优良的首要标准，直接关系到全面深化改革的成败。利益关系是一切社会关系的基础，抓住了利益关系，就抓住了社会问题的根本；统筹协调好了利益关系，就把握住了工作的关键。从本质上说，群众利益与我们党的奋斗目标是一致的，维护群众利益就是维护党的形象、维护党的执政根基，损害群众利益就是损害党的形象、损害党的执政根基。

毛泽东同志曾说，我们的任务是过河，不解决桥或船的问题，过河就是一句空话；不解决方法的问题，任务也只是瞎说一顿。[1] 筑牢与人民群众的血肉联系，就必须根据时代变化了的特点、社会发展的阶段性特征、人民群众的真实性需求、面临的重大矛盾问题、遇到的异常阻力困难等情况，去深入研究探索，寻求最为有效的办法，拿出切实可行管用的举措。不论面临什么样的险境、遇到什么样的阻碍、出现什么样的危局，都必须始终坚持与人民群众面对面、手拉手、心贴心、实打实，自觉做到在与人民群众朝夕相处中交流思想、增进共识、密切感情、共同担当。坚持把创新方法与创新思维结合起来，自觉强化法治思维、网络思维和社会化思维，准确地把握人民群众的需求变化，运用现代社会

---

[1]《毛泽东选集》，人民出版社1991年版，第139页。

的通行规则、通行工具和表达方式，直接联系群众、服务群众。坚持把创新方法与创新社会管理结合起来，积极创新群众工作方法手段，切实在整体推进、统筹兼顾中增强群众工作合力、形成有效服务模式与社会管理方式。

筑牢同人民群众的血肉联系，就必须坚持和发扬党的群众路线。群众路线是党的生命线，是我们党永葆青春活力和战斗力的传家宝。从"两个务必"的倡导到"人民对美好生活的向往，就是我们的奋斗目标"的庄严承诺，时代在变，环境在变，任务在变，但党的生命线却始终炫目耀眼，生机无限，活力四射。不论过去、现在和将来，我们都要坚持一切为了群众、一切依靠群众，从群众中来，到群众中去，把党的正确主张变为人民群众的自觉行动。进入新时代，坚持和发扬党的群众路线，就要在经济发展的各个环节，贯彻新发展理念，做到老百姓关心什么、期盼什么，就抓住什么、推进什么。就要保证人民当家作主，巩固和发展生动活泼、安定团结的政治局面。就要紧紧抓住人民群众最关心最直接最现实的利益问题，从人民群众关心的事情做起，从让人民群众满意的事情做起，使人民获得感、幸福感、安全感更加充实、更有保障、更可持续。要从政治的高度深刻认识密切联系群众的重要性，在全心全意为人民服务中提升政治站位、提高思想境界、增强工作能力、加强作风养成，在真心实意向人民群众学习中拓展工作视野、丰富工作经验、提高理念联系实际的水平，真正把筑牢同人民群众的血肉联系落到实处、做到实处。

筑牢同人民群众的血肉联系，就要经常深入群众多拜人民为师。深入群众，是一种思想境界、工作方法、工作作风，也是一种工作能力。深入群众，首要的是要拜人民为师。拜人民为师，才能思想敏捷、思路开阔、办法增多、才干长高。拜人民为师，就要态度谦恭，自觉放下架子，甘当"小学生"，虚心聆听人民的教诲，自觉把人民的意见放在首位，以人民的实践开启思路，用人民的智慧提升本领。拜人民为师，就要心胸宽广，主动在听民声、察民情、知民意、聚民智中保持头脑清醒。拜人民为师，就要感情真挚，少点"官气"，多点"泥土气"，始终与人民血脉相连，心心相印，自觉与人民想在一起、干在一起。

筑牢同人民群众的血肉联系，就要真心感恩群众勤为人民办事。感恩群众，是党员干部的良心美德。感恩群众，重要的是要勤为人民办事。勤为人民办事，就要坚持以人民为中心。心中始终装着人民，千方百计为人民多办实事、多办好事，努力使人民获得感、幸福感、安全感更加充实、更有保障、更可持续。勤为人民办事，就要做到奋勇争先。始终保持蓬勃朝气、昂扬锐气和浩然正气，立足本职，拼搏实干，恪尽职守，率先垂范。勤为人民办事，还要弄清为什么人的问题。始终把人民利益摆在至高无上的地位，让改革发展成果更多更公平惠及全体人民，朝着实现全体人民共同富裕不断迈进。

筑牢同人民群众的血肉联系，就要主动敬畏群众接受人民监督。主动敬畏群众，才能被群众尊重拥护。主动敬畏群众，关键是要接受人民监督。接受人民监督，就要强化公仆意识。始终坚持立公心、戒私欲，做老实人、说老实话、办老实事，全心全意为人民服务，自觉把个人利益置于群众利益之下，把人民利益放在第一位。接受人民监督，就要强化纪律观念。古人云："举头三尺有神明。"只有强化纪律观念，才能知敬畏、存戒惧、守底线，才能更加自觉习惯在受监督和约束的环境中工作生活。接受人民监督，还要敢于正面接受群众批评。自觉做到凡是群众反映强烈的问题都要严肃认真对待，凡是损害群众利益的行为都要坚决纠正。经常用群众这面镜子照照自己，匡正人生追求，校验工作态度，衡量敬业精神，自觉把对党忠诚、为党分忧、为党尽职、为民造福作为根本政治担当，永葆共产党人政治本色。

（三）坚持辩证统一

改革是一项长期的、艰巨的、繁重的、崭新且伟大的事业，必须一代接着一代干。改革是一场深刻的革命，是一项复杂的系统工程，必须通盘考虑、统筹规划、总体设计，必须坚持正确的改革方向和改革原则，遵循科学的改革规律和严格的改革纪律，拿出最大的政治勇气和政治智慧，具备最强的政治素养、政治责任和政治担当。无论从改革的性质、目的和意义作用上看，还是从改革的内容、办法和标准要求上讲，都必须坚持遵循科学规律、探求科学路径、运用科学手段、创造有利条件。科学的规律、路径、手段和有利的条件，前提是要有正确的方法，做到坚持改革顶层设计与基层探索的辩证统一。

习近平总书记指出："在任何工作中，我们既要讲两点论，又要讲重点论，没有主次，不加区别，眉毛胡子一把抓，是做不好工作的。"[1] 在全面深化改革进程中，既要坚持推进局部的阶段性改革在加强改革顶层设计的前提下进行，又要坚持加强顶层设计在推进局部的阶段性改革的基础上谋划。加强宏观思考和顶层设计，更加注重改革的系统性、整体性、协同性，同时也要鼓励基层大胆试验、大胆突破，不断把改革引向深入。

改革是一场深刻而全面的社会变革，每一项改革都会对其他改革产生重要影响，每一项改革又都需要其他改革协同配合。必须在把情况搞清楚的基础上，统筹兼顾、综合平衡，突出重点、带动全局，有的时候要抓放小、以大兼小，有的时候又要以小带大、小中见大，形象地说，就是要十个指头弹钢琴。弹好钢琴，就要注重各项改革的相互促进、良性互动，整体推进，重点突破，形成推进改革开放的强大合力。形成改革开放强大合力，就必须加强和改善党的领导，牢固树立政治意识、大

---

[1] 习近平：《辩证唯物主义是中国共产党人的世界观和方法论》，《求是》2019 年第 1 期。

局意识、核心意识、看齐意识，要善于观大势、谋大事，自觉在大局下想问题、做工作。

新时代中国特色社会主义是全面发展、全面进步的崭新事业，只有站在时代前沿和战略高度观察、思考、分析处理问题，从政治上认识和判断形势，透过纷繁复杂的表面现象把握事物的本质和发展的内在规律，才能在解决突出问题中实现战略突破，在把握战略全局中推进各项工作。把握全局与服从大局是内在统一的，要摆正本地区本部门本单位工作在全局中的位置，自觉在大局下行动，不折不扣贯彻落实中央各项决策部署，紧密结合自身实际创造性执行，做到既为一域增光，更为全局添彩。

"天下大势之所趋，非人力之所能移也。"要坚持从整体、全局和战略的高度把握规律、掌握特点、顺应大势，善于从局部与整体、个别与一般、眼前与长远中寻找解决问题的关键节点，自觉站在大局下思考、从整体上筹划、从战略上把握，切实提高系统思维、整体思维和战略思维能力。要注重寻求化解重大矛盾阻力的突破口，以重大问题为导向，着力推动解决改革发展中面临的突出矛盾和问题。要善于抓住和解决主要矛盾与矛盾的主要方面，抓住和解决根本问题与深层问题。问题反映民意，民意呼唤行动。发展中出现的矛盾和问题，必须用发展的办法解决。坚持唯物辩证法，既讲两点论，又讲重点论，在推动发展中突破矛盾、解决问题，回应广大人民群众的重大关切。

第七讲 改革最本质的要求就是创新

一、创新是引领发展的第一动力

党的二十大报告提出，创新是第一动力，加快实施创新驱动发展战略。改革创新是时代潮流，是推动党和国家事业发展的根本动力。只有不断培养锐意创新精神，树立敢为人先的理念，勇于担当尽责，勇于探索创新，才能牢牢把握工作主动权，不断提高攻坚克难、化解矛盾、驾驭复杂局面的能力，奋力走好新时代的长征路，在新时代更好地坚持和发展中国特色社会主义，才能全面建成社会主义现代化强国、实现第二个百年奋斗目标，以中国式现代化全面推进中华民族伟大复兴。

(一) 将改革创新贯穿于经济社会发展各领域各环节

改革，最本质的要求是创新。创新，首先是思想解放和观念革新。40多年来的改革开放史，就是一部以创新把握机遇的历史。我们冲破观念的桎梏，以思想的解放推动改革的突破，创造性地在社会主义国家建设市场经济，以经济体制的根本性创新带动各方面制度的创新，并且把自主创新上升为国家战略，奋力补齐生产力落后的短板。正是创新给了改革无尽的动力，重塑了整个国家的面貌。因此，习近平总书记高度重视创新思维的重要性，要求把创新摆在国家发展全局的核心位置，将改革创新贯穿于经济社会发展各个领域各个环节。

2013 年 12 月 31 日，习近平总书记在全国政协新年茶话会上讲话指出，当今世界，机遇和挑战并存。风云变幻，最需要的是战略定力；竞争激烈，最重要的是急流勇进；迎接挑战，最根本的是改革创新。改革，最本质的要求就是创新。中华民族是具有伟大创新精神的民族，以伟大创造能力著称于世。"苟日新，日日新，又日新"，是对中华民族创新精神的最好写照。我们要大力弘扬与时俱进、锐意进取、勤于探索、勇于实践的改革创新精神，争当改革的坚定拥护者和积极实践者，用自己勤劳的双手在改革实践中创造更加幸福的生活。2014 年 11 月 9 日，习近平总书记在亚太经合组织工商领导人峰会开幕式上演讲指出，生活从不眷顾因循守旧、满足现状者，而将更多机遇留给勇于和善于改革创新的人们。在新一轮全球增长面前，惟改革者进，惟创新者强，惟改革创新者胜。我们要拿出敢为天下先的勇气，锐意改革，激励创新，积极探索适合自身发展需要的新道路新模式，不断寻求新增长点和驱动力。2016 年 10 月 21 日，习近平总书记在纪念红军长征胜利 80 周年大会上讲话指出，创新是引领发展的第一动力，我们必须解放思想、实事求是、与时俱进，坚定不移推进理论创新、实践创新、制度创新以及其他各方面创新，让党和国家事业始终充满创造活力、不断打开创新局面。党的二十大强调，必须坚持科技是第一生产力、人才是第一资源、创新是第一动力，深入实施科教兴国战略、人才强国战略、创新驱动发展战略，开辟发展新领域新赛道，不断塑造发展新动能新优势。党的二十届三中全会进一步强调，坚持守正创新，坚持中国特色社会主义不动摇，紧跟时代步伐，顺应实践发展，突出问题导向，在新的起点上推进理论创新、实践创新、制度创新、文化创新以及其他各方面创新。

勇于创新是全面深化改革的不竭动力。全面深化改革是一场决定当代中国命运的关键抉择，但如何把握改革的时机、节奏，沿着什么路径，却没有现成的模式和经验可循。纵观我国改革开放40多年来取得的巨大成就，无处不体现着创新的精神。正是通过不断的创新，不断地突破利益固化的藩篱，我国的改革发展才能够持续获得强大动力。没有创新的精神，就没有创新的行动和实践。没有创新精神，我们的思想就不可能得到大解放；没有创新精神，社会主义市场经济体制就无法建立起来；没有创新精神，法治就不可能成为治国理政的基本方式。

因此，改革最本质的要求就是创新。勇于创新，就需要进一步解放思想，增强改革创新意识，树立自我革新的勇气和胸怀，克服因循守旧、畏葸不前的思想障碍，以更大的决心冲破思想观念的障碍、突破利益固化的藩篱。需要坚持顶层设计和摸着石头过河的重要方法，把握大局、稳中求进，加强统筹谋划，在战略思考的基础上进行顶层设计；必须尊重群众的首创精神，鼓励各地大胆试、大胆闯，从实践中找思路、创新路、出经验。需要把创新摆在国家发展全局的核心地位，将改革创新贯穿于经济社会发展各个领域各个环节。需要强化问题意识，始终对面临的突出矛盾和问题有攻坚克难的精神和奋力解决的态度。只有让创新成为一种习惯和本能，我们才可能以求新求变的活力冲破重重桎梏，闯出一片新的天地。

（二）新时代要有新气象新作为

中国特色社会主义进入新时代，明确我国发展新的历史方位，赋予党的历史使命、理论遵循、目标任务以新的时代内涵，这是我国发展新的历史方位。中国特色社会主义进入新时代，使中国的发展站到一个更高层级的历史方位上。历史总是要前进的，历史从不等待一切犹豫者、观望者、懈怠者、软弱者。只有与历史同步伐、与时代共命运的人，才能赢得光明的未来。中国共产党在革命、建设、改革的不同历史时期之所以能不断取得巨大成功，关键在于能够在时代变化的关头准确判断历史方向、正确把握形势发展的趋势和时代大潮的走向。作出中国特色社会主义进入新时代的重大政治论断，从新的历史起点和时代条件出发谋划发展，必将不断开创中国特色社会主义新局面。

中国特色社会主义进入新时代，意味着近代以来久经磨难的中华民族迎来了从站起来、富起来到强起来的伟大飞跃，迎来了实现中华民族伟大复兴的光明前景；意味着科学社会主义在二十一世纪的中国焕发出强大生机活力，在世界上高高举起了中国特色社会主义伟大旗帜；意味着中国特色社会主义道路、理论、制度、文化不断发展，拓展了发展中国家走向现代化的途径，给世界上那些既希望加快发展又希望保持自身独立性的国家和民族提供了全新选择，为解决人类问题贡献了中国智慧和中国方案。

新时代是奋斗者的时代。中国特色社会主义进入新时代，对党和国家工作提出了许多新要求。走进新时代的中国共产党人，必须要有更高的境界、更强的本领、更优的作风、更好的精神状态，团结带领中国人民积极主动顺应、锐意开拓进取，创造无愧于新时代的新成就，不断把中国特色社会主义推向前进。

在中国特色社会主义新时代，随着我国社会主要矛盾的变化，发展的内涵和重点、理念和方式、环境和条件、水平和要求与过去有很大不同，这就必须完整、准确、全面贯彻落实新发展理念，针对发展不平衡不充分问题提出新的思路、新的战略、新的举措，努力实现更高质量、更有效率、更加公平、更可持续的发展。最根本的，是要全面坚持党在社会主义初级阶段的基本理论、基本路线、基本方略，不断增强工作的原则性、系统性、预见性、创造性，按照新时代要求在以新的理念举措不断推动发展的基础上，更好解决我国社会出现的各种问题，更好实现各项事业全面发展，更好发展中国特色社会主义事业。

（三）实现伟大梦想必须进行伟大斗争

实现伟大梦想，必须进行伟大斗争。我们党要团结带领人民有效应对重大挑战、抵御重大风险、克服重大阻力、解决重大矛盾，必须进行具有许多新的历史特点的伟大斗争。实现伟大梦想，必须合乎时代潮流、顺应人民意愿、勇于改革开放，让党和人民事业始终充满奋勇前进的强大动力。我们党团结带领人民进行改革开放新的伟大革命，破除阻碍国家和民族发展的一切思想和体制障碍，开辟了中国特色社会主义道路，使中国大踏步赶上时代。

我们党是一个敢于斗争、善于斗争的党。没有斗争，就没有胜利，没有今天的一切。无论弱小还是强大，无论顺境还是逆境，我们党都初心不改、矢志不渝，团结带领人民历经千难万险、付出巨大牺牲，攻克了一个又一个看似不可攻克的难关，创造了一个又一个彪炳史册的人间奇迹。中国人民能从悲惨境遇走向光明前途，实现伟大历史转变，就是因为中国共产党带领人民以顽强的斗争精神进行了艰苦卓绝的斗争。实现伟大梦想必须进行具有许多新的历史特点的伟大斗争。

唯改革者进，唯创新者强，唯改革创新者胜。要敢于啃硬骨头，敢于涉险滩，敢于动"奶酪"，敢于打攻坚战。坚决破除一切阻碍改革创新的体制机制障碍，同一切因循守旧、固步自封、顽固保守、不思进取的思想和行为作坚决斗争，勇于变革、勇于创新，永不僵化、永不停滞。更加自觉地维护我国主权、安全、发展利益，坚决反对一切分裂祖国、破坏民族团结和社会和谐稳定的行为。更加自觉地防范各种风险，坚决战胜一切在政治、经济、文化、社会等领域和自然界出现的困难和挑战。伟大事业越发展、伟大工程越前进、伟大梦想越接近，遇到的风险挑战就会越大，就越要进行伟大斗争。

中国革命的胜利是靠斗争打出来的，中国建设的成就是靠斗争干出来的，中国改革的推进是靠斗争闯出来的。进行伟大斗争要继承和发扬斗争精神。既要在事关中国特色社会主义前途命运的大是大非问题上敢于斗争、敢于亮剑，不能态度暧昧，不能爱惜羽毛，不能动摇政治立场；又要在改革发展稳定工作中敢于斗争、勇于创新，自觉把使命放在心上、把责任扛在肩上，不断有所发明、有所创造、有所作为、有所前进；还要在全面从严治党上敢于斗争、敢于动硬，全面推进党的建设新的伟大工程。进行伟大斗争要区分斗争性质，既不采取革命战争年代那种疾风骤雨式的阶级斗争，也不能采取"以阶级斗争为纲"的极左做法。进行伟大斗争要善于区分矛盾性质，针对不同性质的矛盾展开有针对性的有效斗争。当前，各种挑战不期而至，对伟大斗争提出了新的更高要求。这就要求我们以时不我待的精神，加强理论武装，提高斗争本领。只有不断提高全党斗争本领，伟大梦想才能真正实现。

二、实施创新驱动发展战略

创新创造是历史前进的车轮，是时代发展的动力。创新是一个民族进步的灵魂，是一个国家兴旺发达的不竭动力。创新是引领发展的第一动力。进入新时代，推进以科技创新为核心的全面创新尤为重要、尤显紧迫、尤须加强。

（一）创新驱动发展

实施创新驱动发展战略决定着中华民族前途命运。没有强大的科技，就难以完成新时代党的既定目标任务，就难以实现中华民族伟大复兴的中国梦，就难以从大国走向强国。必须强化创新驱动发展的思想认识，切实把创新驱动发展作为第一动力，真抓实抓善抓并抓出成效。实施创新驱动发展战略，最根本的是要增强自主创新能力，最紧迫的是要破除体制机制障碍，最大限度解放和激发科技作为第一生产力所蕴藏的巨大潜能。

时来易失，赴机在速。落实创新驱动发展战略，就必须强化机遇意识，增强忧患意识，敏锐把握世界科技创新发展趋势，善于抓住并用好科技革命和产业变革的机遇，不能等待、不能观望、不能懈怠。必须把重要领域的科技创新摆在更加突出的地位，实施一批关系国家全局和长远的重大科技项目。这既有利于我国在战略必争领域打破重大关键核心技术受制于人的局面，更有利于开辟新的产业发展方向和重点领域、培育新的经济增长点。要以国家实验室建设为抓手，强化国家战略科技力量，在明确国家目标和紧迫战略需求的重大领域，在有望引领未来发展的战略制高点，以重大科技任务攻关和国家大型科技基础设施为主线，依托最有优势的创新单元，整合全国创新资源，建立目标导向、绩效管理、协同攻关、开放共享的新型运行机制，建设突破型、引领型、平台型一体的国家实验室。

深化科技体制改革，引导构建产业技术创新联盟，推动跨领域跨行业协同创新，促进科技与经济深度融合。加强技术和知识产权交易平台建设，建立从实验研究、中试到生产的全过程科技创新融资模式，促进科技成果资本化、产业化。要抓紧出台实施创新驱动发展的政策和部署，抓紧实施国家重大科技专项，再选择一批体现国家战略意图的重大科技项目和重大工程，集中力量、协同攻关。要加快研究提出创新驱动发展顶层设计方案，研究提出中央财政科技资金管理改革方案。深化科技体制改革，增强科技创新活力，集中力量推进科技创新，真正把创新驱动发展战略落到实处。要加大政府科技投入力度，引导企业和社会增加研发投入，加强知识产权保护工作，完善推动企业技术创新的税收政策，加大资本市场对科技型企业的支持力度。要深化国际交流合作，充分利用全球创新资源，在更高起点上推进自主创新，并同国际科技界携手努力为应对全球共同挑战作出应有贡献。

（二）科技是国之利器

科技是人类进步的阶梯，是打开未来之门的钥匙。科技兴则民族兴，科技强则国家强。科技是国之利器，国家赖之以强，企业赖之以赢，人民生活赖之以好。中国要强，中国人民生活要好，必须有强大科技。

科技决定国力，科技改变国运。国之利器，不可以示人。只有拥有强大的科技创新能力，才能提高我国国际竞争力。科技创新作为提高社会生产力、提升国际竞争力、增强综合国力、保障国家安全的战略支撑，必须摆在国家发展全局的核心位置。谁牵住了科技创新这个牛鼻子，谁走好了科技创新这步先手棋，谁就能占领先机、赢得优势。创新战略竞争在综合国力竞争中的地位日益重要。科技创新，就像撬动地球的杠杆，总能创造令人意想不到的奇迹。科技是国家强盛之基，创新是民族进步之魂。科技实力决定着世界政治经济力量对比的变化，也决定着各国各民族的前途命运。

科技决定市场，科技改变企业。创新是引领企业发展的第一动力，科技是支撑企业发展的核心要素，要推动以科技创新为核心的全面创新，坚持需求导向和产业化方向，坚持企业在创新中的主体地位，发挥市场在资源配置中的决定性作用和社会主义制度优势，增强科技进步对经济增长的贡献度，形成新的增长动力源泉，推动经济持续健康发展。科技创新能力是企业的发展能力、应变能力和竞争能力的核心，是企业综合实力的支撑。从全球范围看，科学技术越来越成为推动经济社会发展的主要力量，创新驱动是大势所趋。要引导我国企业不断提高原始创新能力、集成创新能力和引进消化吸收再创新能力，着力开发具有自主知识产权的新技术、新装备、新产品，形成一批拥有自主知识产权的知名品牌产品，实现企业发展由单纯的技术引进、加工组装向自主创新、自主制造转变。创新发展注重的是解决发展动力问题。

科技改善生活，科技改变你我。科技创新驱动着历史车轮不断前进，加速人类的发展进程，为人类文明进步提供了不竭的动力源泉，推动人类从蒙昧走向文明，从游牧文明走向农业文明，从工业文明走向信息化时代。随着人民收入水平的不断提升，人民对生活的新需求也日益增多，现有的产品必然不能满足人民新生活的需要。要在人民生活急需的重大疾病防控、食品药品安全、治理环境污染等方面集中开展科技创新，大幅增加公共科技供给，让人民享有更宜居的生活环境、更好的医疗卫生服务、更放心的食品药品。要依靠科技创新建设低成本、广覆盖、高质量的公共服务体系，实现医疗和教育等优质资源普惠共享。

（三）关键核心技术是要不来、买不来、讨不来的

只有把关键核心技术掌握在自己手中，才能从根本上保障国家经济安全、国防安全和其他安全。要坚定"四个自信"，以关键共性技术、前沿引领技术、现代工程技术、颠覆性技术创新为突破口，敢于走前人没走过的路，努力实现关键核心技术自主可控，把创新主动权、发展主动权牢牢掌握在自己手中。

只有自信的国家和民族，才能在通往未来的道路上行稳致远。树高叶茂，系于根深。自力更生是中华民族自立于世界民族之林的奋斗基点，自主创新是攀登世界科技高峰的必由之路。创新从来都是九死一生，但必须有"亦余心之所善兮，虽九死其犹未悔"的豪情。唯有坚定信心，奋起直追，按照需求导向、问题导向、目标导向、效果导向，从国家发展需要出发，提升技术创新能力，加强基础研究，努力取得重大

原创性突破，才能在更加激烈的科技竞争中牢牢掌握主动权，立于不败之地。全体科技工作者更要有强烈的创新信心和决心，既不妄自菲薄，也不妄自尊大，勇于攻坚克难、追求卓越、赢得胜利，积极抢占科技竞争和未来发展制高点。

要强化战略导向和目标引导，强化科技创新体系能力，加快构筑支撑高端引领的先发优势，加强对关系根本和全局的科学问题的研究部署，在关键领域、卡脖子的地方下大功夫，集合精锐力量，作出战略性安排，尽早取得突破，力争实现我国整体科技水平从跟跑向并行、领跑的战略性转变，在重要科技领域成为领跑者，在新兴前沿交叉领域成为开拓者，创造更多竞争优势。要把满足人民对美好生活的向往作为科技创新的落脚点，把惠民、利民、富民、改善民生作为科技创新的重要方向。

要瞄准世界科技前沿，抓住大趋势，下好"先手棋"，打好基础、储备长远，甘于坐冷板凳，勇于做栽树人、挖井人，实现前瞻性基础研究、引领性原创成果重大突破，夯实世界科技强国建设的根基。要加大应用基础研究力度，以推动重大科技项目为抓手，打通"最后一公里"，拆除阻碍产业化的"篱笆墙"，疏通应用基础研究和产业化连接的快车道，促进创新链和产业链精准对接，加快科研成果从样品到产品再到商品的转化，把科技成果充分应用到现代化事业中去。要以加快转变政府职能，改革重大科技项目立项和组织实施方式，改革科研绩效评价机制，加强软硬基础设施建设，推进产学研用一体化，扩大科技领域对外开放等抓手，坚决扫除阻碍科技创新能力提高的体制障碍，打通科技和经济转移转化的通道，优化科技政策供给，完善科技评价体系，营造良好创新环境，把更多自主权给予科研单位和科研人员，把人才创新创造的活力充分激发出来，使科技创新的源泉和活力竞相迸发、充分涌现。

三、惟改革者进，惟创新者强，惟改革创新者胜

创新决胜未来，改革关乎国运。全面深化科技体制改革，提升创新体系效能，着力激发创新活力。惟改革者进，惟改革者强，惟改革者胜。全面深化科技体制改革，坚决破除阻碍创新的体制机制障碍，让一切创新源泉充分涌流，就能抓住千载难逢的历史机遇，在日益激烈的全球科技竞争中抢占主动赢得先机。

（一）创新决定未来

抓创新就是抓发展，谋创新就是谋未来。不创新就要落后，创新慢了也要落后。要激发调动全社会的创新激情，持续发力，加快形成以创新为主要引领和支撑的经济体系和发展模式。要积极营造有利于创新的政策环境和制度环境，对看准的、确需支持的，可以采取一些合理的、差别化的激励政策。要改善金融服务，疏通金融进入实体经济特别是中小企业、小微企业的管道。

创新成果要想被广泛认可，必须紧跟和顺应世界发展大势。只有站在战略高度谋划，用全局眼光、世界眼光，乘势而上、自我革新，才能把握创新先机，争取主动，使创新持续具有竞争力。当今世界处于大变革时期，新的理论、新的成果不断涌现，要想不落后于时代，必须紧盯发展前沿，吸纳各方面的最新成果。用前瞻思维思考，创造思维谋划，找准本领域发展现状和应走的路径，增强创新的科学性、系统性、协调性、有效性。

谋划创新是一项全新的突破性工作，涉及内容多、领域广，一定要确定攻坚目标，紧盯现实需求发力。立足当前，搞好突破。创新不能脱离实际，谋划创新时一方面搞好摸底，广泛了解各个领域现有发展水

平，确定谋划创新的目标对象；另一方面善于对现有的项目进行整合调整，对不适应形势需要的进行淘汰，在新的标准上搞好突破，实现创新成果由旧到新、由新到精的转变。立足未来，放眼长远。要高度重视战略前沿技术发展，立足于早、着眼于前，用全球的视野审视、用未来的眼光思考、用前瞻的思维谋划、用首创的精神开拓。以坐不住的责任感、等不起的紧迫感、慢不得的危机感，思考创新，谋划创新，使创新的成果真正服务、社会服务人民、服务改革开放实践。

（二）坚持把科技创新摆在国家发展全局的核心位置

科技兴则民族兴，科技强则国家强。在新一轮科技革命和产业变革中，必须坚持把科技创新摆在国家发展全局的核心位置，为全面建成社会主义现代化强国、实现第二个百年奋斗目标构筑强大的科技实力和创新能力。

科学技术是世界性、时代性的，发展科学技术必须具有全球视野、把握时代脉搏。抓科技创新，不能等待观望，不可亦步亦趋，当有只争朝夕的劲头。时不我待，必须增强紧迫感，及时确立发展战略，全面增强自主创新能力。要坚定创新自信，坚定敢为天下先的志向，在独创独有上下功夫，勇于挑战最前沿的科学问题，提出更多原创理论，作出更多原创发现，力争在重要科技领域实现跨越发展，跟上甚至引领世界科技发展新方向，掌握新一轮全球科技竞争的战略主动。

科技创新的战略导向十分紧要，必须抓准，以此带动科技难题的突破。党中央已经确定了我国科技面向 2030 年的长远战略，决定实施一批重大科技项目和工程，要加快推进，围绕国家重大战略需求，着力攻破关键核心技术，抢占事关长远和全局的科技战略制高点。成为世界科技强国，成为世界主要科学中心和创新高地，必须拥有一批世界一流科研机构、研究型大学、创新型企业，能够持续涌现一批重大原创性科学成果。

（三）激活创新体制机制

创新是一个系统工程，创新链、产业链、资金链、政策链相互交织、相互支撑，改革只在一个环节或几个环节搞是不够的，必须全面部署，并坚定不移推进。科技创新、制度创新要协同发挥作用，两个轮子一起转。科技体制改革要敢于啃硬骨头，敢于涉险滩、闯难关，破除一切制约科技创新的思想障碍和制度藩篱，正所谓"穷则变，变则通，通则久"。党的二十届三中全会强调，要深化科技体制改革，坚持面向世界科技前沿、面向经济主战场、面向国家重大需求、面向人民生命健康，优化重大科技创新组织机制，统筹强化关键核心技术攻关，推动科技创新力量、要素配置、人才队伍体系化、建制化、协同化。[1]

要以推动科技创新为核心，引领科技体制及其相关体制深刻变革。要加快建立科技咨询支撑行政决策的科技决策机制，加强科技决策咨询系统，建设高水平科技智库。要加快推进重大科技决策制度化，解决好实际存在的部门领导拍脑袋、科技专家看眼色行事等问题。要完善符合科技创新规律的资源配置方式，解决简单套用行政预算和财务管理方法管理科技资源等问题，优化基础研究、战略高技术研究、社会公益类研究的支持方式，力求科技创新活动效率最大化。要着力改革和创新科研经费使用和管理方式，让经费为人的创造性活动服务，而不能让人的创造性活动为经费服务。要改革科技评价制度，建立以科技创新质量、贡献、绩效为导向的分类评价体系，正确评价科技创新成果的科学价值、技术价值、经济价值、社会价值、文化价值。

要制定和落实鼓励企业技术创新各项政策，强化企业创新倒逼机

---

[1]《中共中央关于进一步全面深化改革　推进中国式现代化的决定》，《人民日报》2024年07月22日。

制，加强对中小企业技术创新支持力度，推动流通环节改革和反垄断反不正当竞争，引导企业加快发展研发力量。要加快完善科技成果使用、处置、收益管理制度，发挥市场在资源配置中的决定性作用，让机构、人才、装置、资金、项目都充分活跃起来，形成推动科技创新强大合力。要调整现有行业和地方的科研机构，充实企业研发力量，支持依托企业建设国家技术创新中心，培育有国际影响力的行业领军企业。

要优化科研院所和研究型大学科研布局。科研院所要根据世界科技发展态势，优化自身科技布局，厚实学科基础，培育新兴交叉学科生长点，重点加强共性、公益、可持续发展相关研究，增加公共科技供给。研究型大学要加强学科建设，重点开展自由探索的基础研究。要加强科研院所和高校合作，使目标导向研究和自由探索相互衔接、优势互补，形成教研相长、协同育人新模式，打牢我国科技创新的科学和人才基础。

第八讲 将改革进行到底

一、改革开放不仅深刻改变了中国，也深刻影响了世界

中国进行改革开放，顺应了中国人民要发展、要创新、要美好生活的历史要求，契合了世界各国人民要发展、要合作、要和平生活的时代潮流。"得黄金百，不如得季布一诺。""中国开放的大门不会关闭，只会越开越大"，这是中国基于改革开放成功实践，也是中国基于发展需要和历史潮流作出的战略抉择，更是致力推动经济全球化造福世界各国人民的大国担当。40多年改革开放历程，我们以上下求索的勇气和气吞山河的豪气，书写了国家和民族发展的壮丽史诗，中国从"一穷二白"的落后面貌一跃成为世界第二大经济体、第一大工业国、第一大货物贸易国、第一大外汇储备国，取得了举世瞩目的成绩，成功开辟出一条中国特色社会主义道路，中国智慧、中国方案、中国力量越来越有分量，国家治理体系和治理能力现代化水平明显提高，全社会发展活力和创新活力明显增强，中华民族正以崭新姿态屹立于世界东方。

（一）改革开放让中国特色社会主义道路越走越宽广

中国特色社会主义是实现中华民族伟大复兴的必由之路。中国特色社会主义道路，坚持以经济建设为中心，坚持四项基本原则，坚持改革开放；统筹推进"五位一体"总体布局，协调推进"四个全面"战略布局；不断解放和发展社会生产力，逐步实现全体人民共同富裕、促进人的全面发展。党领导全国人民坚定走在这条道路上，沉着应对国内外不断出现的新形势、新情况、新问题、新矛盾，抓住历史机遇，加快建设发展，有效化解各种风险挑战。

以党的十一届三中全会为标志，波澜壮阔的改革开放让中国道路更加明亮，让中国发展更具活力，让中国人民更加自强自信。亿万中国人民生活实现了历史性跨越。经济总量稳居世界第二，大国重器竞相问世，科技实力和创新能力日益强大，成为世界第一大出口国和第二大进口国，成为世界经济最大的确定性、主要的动力源，连续多年对世界经济增长贡献率超过30%。用几十年的时间走过了西方发达国家几百年走过的现代化历程，实现了从落后时代到大踏步赶上时代、引领时代的历史性跨越，迎来了从站起来、富起来到强起来的伟大飞跃，前所未有地接近实现民族复兴的伟大目标。

改革开放以来，我们党团结带领中国人民始终坚持科学社会主义基本原则，立足中国实际、结合时代特点，突破了单一公有制、计划经济的固有模式，创造性地提出和发展了社会主义市场经济，极大解放和发展了社会生产力；完善和发展了党的领导、人民当家作主、依法治国有机统一的社会主义民主政治制度，充分激发了人民群众的积极性主动性创造性，有力维护了社会公平正义。经济、政治、文化、社会、生态文明建设"五位一体"统筹推进、全面发展。中国特色社会主义的开创发展和成功实践，不仅把社会主义的旗帜举住了、举稳了，让处在风云变幻之中的世界对社会主义有了全新的认识，让那些既希望加快发展又希望保持自身独立性的国家和民族有了全新选择，将西方现代化模式从所谓"唯一"还原为"之一"。

党的十八大以来，我们坚持马克思列宁主义、毛泽东思想、邓小平理论、"三个代表"重要思想、科学发展观，全面贯彻习近平新时代中国特色社会主义思想，全面贯彻党的基本理论、基本路线、基本方略，采取一系列战略性举措，推进一系列变革性实践，实现一系列突破性进展，取得一系列标志性成果，经受住了来自政治、经济、意识形态、自然界等方面的风险挑战考验，党和国家事业取得历史性成就、发生历史性变革，推动我国迈上全面建设社会主义现代化国家新征程。

道路决定命运，道路开辟未来。当代中国历史性变革和历史性成就证明，中国特色社会主义这条道路走得通、走得对、走得好。历史也告诉我们，必须始终坚定道路自信，坚持走中国特色社会主义道路。习近平总书记强调指出，站立在九百六十多万平方公里的广袤土地上，吸吮着五千多年中华民族漫长奋斗积累的文化养分，拥有十四亿多中国人民聚合的磅礴之力，我们走中国特色社会主义道路，具有无比广阔的时代舞台，具有无比深厚的历史底蕴，具有无比强大的前进定力。历史车轮滚滚向前，时代潮流浩浩荡荡。历史只会眷顾坚定者、奋进者、搏击者，而不会等待犹豫者、懈怠者、畏难者。我们务必不忘初心、牢记使命，务必谦虚谨慎、艰苦奋斗，务必敢于斗争、善于斗争，坚定历史自信，增强历史主动，谱写新时代中国特色社会主义更加绚丽的华章。我们必须更加自觉维护党的团结统一，保持党同人民群众的血肉联系，巩固全国各族人民大团结，加强海内外中华儿女大团结，团结一切可以团结的力量，齐心协力走向中华民族伟大复兴的光明前景。

(二) 中国改革开放为世界提供了新的重要机遇

习近平总书记强调指出，"今天，中国人民完全可以自豪地说，改革开放这场中国的第二次革命，不仅深刻改变了中国，也深刻影响了世界！"[1] 当前，世界经济格局深刻调整，中国经济的影响越来越大。持续稳中向好的中国经济有力地推动了世界经济复苏、促进了世界贸易发展，为世界各国人民带来了前所未有的发展机遇。中国经济持续保持中高速增长，成为全球经济复苏和可持续发展不可或缺的发动机和稳定器。仅 2013 至 2017 年，中国经济实现了年均 7.2% 的增长速度，远高于同期美国、欧元区和日本三大发达经济体 2.1%、1.2% 和 1.1% 的年均增速，也明显高于世界经济 2.7% 的年均增速，有力推动了世界经济增长，对世界经济增长的平均贡献率超过 30%。

回顾 40 多年发展历程，中国在世界舞台坐标上的位移，始终与改革开放的步伐同频共振。纵观中华民族前进发展，横看世界力量对比变化，在世界舞台的坐标轴上，在全球政经的定位系统里，中国书写着变化，从曾经的闭关锁国被边缘化，到重新走进世界舞台，再到走近舞台中心。

当代中国已不再是国际秩序的被动接受者，而是积极的参与者、建设者、引领者。中国日益走近世界舞台中央，世界对中国的关注从未像今天这样广泛、深切、聚焦；中国对世界的影响，也从未像今天这样全面、深刻、长远。中国，二十多年前才得以加入世贸组织的游戏规则，如今坚定地扛起支持经济全球化的大旗。从倡议并推进"一带一路"到建立亚洲基础设施投资银行、金砖新开发银行，从举办 APEC 会议启动亚太自贸区进程到推动人民币正式"入篮"……中国以坚定的信心和雄厚的实力，不断为完善全球经济治理贡献智慧、提出方案、落实行动。

---

[1] 习近平：《论坚持全面深化改革》，中央文献出版社 2018 年版，第 456 页。

改革开放之初，世界分享到的是中国发展所带来的物质层面红利。中国的大量进口为很多国家创造了"中国特需"，中国出口的价廉物美商品增加了国外消费者福利，吸引的万亿美元外资让更多国家获得丰厚利润，每年千余亿美元的对外投资带动东道国的发展和就业。随着中国逐步走近世界舞台中央，中国不仅提供物质，更提供思想引领的方案。中国理念正在成为"全球化"。"亲诚惠容"的周边外交理念，"真实亲诚"的对非工作方针，义利兼顾、以义为先的正确义利观，结伴不结盟的伙伴关系，合作共赢的新型国际关系，同舟共济的人类命运共同体……中国特色大国外交理念，不但创新发展了中国国际秩序观，也开辟了国际关系新愿景。"创新、协调、绿色、开放、共享"，是中国的新发展观。"大道之行也，天下为公。"在全球治理进程中，中国展现负责任大国的担当，努力使全球治理体制向更加合理、均衡和公平的方向发展，推动国际货币体系更加完善，为维护国际金融稳定、促进世界经济增长注入信心、贡献力量。中国坚持对外开放的基本国策，坚定奉行互利共赢的开放战略，不断以中国新发展为世界提供新机遇，推动建设开放型世界经济，更好惠及各国人民。中国坚持经济全球化正确方向，共同营造有利于发展的国际环境，共同培育全球发展新动能。中国积极参与全球治理体系改革和建设，坚持真正的多边主义，推进国际关系民主化，推动全球治理朝着更加公正合理的方向发展。

二、改革开放只有进行时，没有完成时

改革开放已经走过 40 多年的历程。40 多年来，改革开放在解放思想、促进生产力发展、实行经济政治体制改革、提高人民生活水平等诸多方面，都取得了举世瞩目的成就。但是，改革是一项长期的事业。改革开放只有进行时没有完成时。改革开放是一项长期的、艰巨的、繁重

的事业，必须一代又一代人接力干下去。新时代全面深化改革，必须自强不息、自我革新，逢山开路、遇水架桥，敢于啃硬骨头，敢于涉险滩，敢于向积存多年的顽瘴痼疾开刀，勇于突破利益固化的藩篱，将改革进行到底。

（一）改革不停顿、开放不止步

改革开放是我们党的历史上一次伟大觉醒，是当代中国发展进步的活力之源，是我们党和人民大踏步赶上时代前进步伐的重要法宝，是坚持和发展中国特色社会主义的必由之路。改革开放是当代中国最鲜明的特色，也是中国共产党最鲜明的特色。要坚定不移地走改革开放的强国之路，更加注重改革的系统性、整体性、协同性，做到改革不停顿、开放不止步，为全面建设社会主义现代化国家、全面实现中华民族伟大复兴而团结奋斗。

实践发展永无止境，解放思想永无止境，改革开放也永无止境，停顿和倒退没有出路，改革开放只有进行时、没有完成时。发展是新事物代替旧事物，社会发展意味着顺应社会潮流的、适应人民需要的社会经济政治体制机制得到发展和延续，不适应社会潮流、不能满足人民诉求的社会经济政治体制机制就会被淘汰。在认识世界和改造世界的过程中，旧的问题解决了，新的问题又会产生，如此周而复始，制度总是需要不断完善，因而改革既不可能一蹴而就，也不可能一劳永逸。我们党的伟大之处就在于，始终具有高度的历史自觉与理论自觉，通过重新审视自身的社会主义实践和当代资本主义的变化，不断为自己开辟新的发展道路和新的理论境界。党、人民和国家的伟大事业只有沿着无限延伸的改革实践河道流淌，才能永远奔腾、永远充满活力、生生不息。

永远奔腾、永远充满活力、生生不息，就在继承当前体制机制中符合社会发展、时代潮流的同时，敢于破除不适应实际情况的体制机制，并在实践中予以调整、完善。想要改革不停歇，发展不停止，要密切关注变化发展着的实际，敢于冲破与实际不相符合的成规陈说，摒弃不合时宜的旧观念，让各种发展活力充分迸发出来。就要注重研究新情况，善于提出新问题，敢于寻找新思路，确立新观念，开拓新境界。一万年太久，只争朝夕。面对新征程，容不得彷徨、犹豫和懈怠，需要以奋进者的姿态披荆斩棘，不断开辟新的局面。要有一种"马上就办"的精神，一刻也不能耽误，一会儿也不能停留，把时间这个最稀缺的资源利用好、发挥好。

我国改革已经进入攻坚期和深水区，各种矛盾和问题交织叠加、错综复杂，推进改革的复杂程度、敏感程度、艰巨程度，一点都不亚于40多年前。改革开放越往纵深发展，越涉及重大利益关系的调整，涉及各方面体制机制的完善，都是难啃的硬骨头。推进改革矛盾多、难度大，但不改又不行，改慢了不行，过于激进也不行。改革开放中的矛盾只能用改革开放的办法来解决。新时代全面深化改革，必须牢固树立进取意识、机遇意识、责任意识，做到自强不息、自我革新，逢山开路、遇水架桥，敢于啃硬骨头，敢于涉险滩，勇于冲破思想观念的障碍、突破利益固化的藩篱，做到改革不停顿、开放不止步。必须以更大的政治勇气、政治智慧和责任担当，不失时机深化重要领域改革，攻克体制机制上的顽瘴痼疾，进一步解放和发展社会生产力，进一步激发和凝聚社会创造力。

（二）真刀真枪推进改革

多年前，习近平同志在谈工作落实时就强调"抓落实如敲钉子""钉不到点上，钉子要打歪；钉到了点上，只钉一两下，钉子会掉下来；钉个三四下，过不久钉子仍然会松动；只有连钉七八下，这颗钉子才能牢固"[1] 很显然，改革就需要多敲钉子，直至见成效、成功。实践发展永无止境，解放思想永无止境，改革开放也永无止境，停顿和倒退没有出路。真刀真枪改革才有出路，全面深化改革才有未来。

真刀真枪推进改革，就要牢牢把握全面深化改革的正确方向。旗帜决定方向，道路决定命运。改革开放是一场深刻革命，必须坚持正确方向，沿着正确道路前进。把握好全面深化改革的正确方向，就要把握好坚持和发展中国特色社会主义的根本政治方向，坚持改革是在中国特色社会主义道路上不断前进的改革，既不走封闭僵化的老路，也不走改旗易帜的邪路。在涉及道路、理论、制度、文化等根本性问题上，在大是大非面前，必须立场坚定、旗帜鲜明，不讲模棱两可的话，不做遮遮掩掩的事。把握好全面深化改革正确方向，就必须坚持和加强党的全面领导，必须充分发挥党总揽全局、协调各方的领导核心作用，必须把准政治方向、站稳政治立场、提高政治定位、服从政治大局，坚持走中国特色社会主义道路不动摇，坚持社会主义基本原则不动摇，坚持党的领导不动摇，确保改革开放始终沿着正确道路前进。

真刀真枪推进改革，就要切实形成改革的社会共识。不只是中央决策层统一，也不只是舆论上的统一，而是要在全社会统一全面深化改革的思想。1978 年之后中国形成改革氛围，就是从中央到社会都形成了改革的思想，形成了改革的大氛围，进行了改革的大动员。在全面深化改革的今天，我们必须把思想认识高度统一到党中央正确决策上来，坚决维护习近平总书记党中央的核心、全党的核心地位，坚决维护党中央权威和集中统一领导。

真刀真枪推进改革，就要采取必须举措和正确的方法。改革是一场全面而深刻的社会变革，也是一项复杂的系统工程，必须坚持正确方法。以习近平同志为核心的党中央立足改革全局，深入把握改革规律和

---

[1]　习近平：《之江新语》，浙江人民出版社 2007 年版，第 241 页。

特点，系统谋划全面深化改革的科学路径和有效方法，形成改革开放以来最为丰富、全面、系统的改革方法论，为全面深化改革提供了科学指导和行动指南。当前，推进全面深化改革，就必须贯彻运用好这些方法。自觉坚持以问题为导向，始终坚持强烈的问题意识，不论是制定方案，还是部署推动、督促落实，都把切实解决问题作为目标指向。自觉坚持以法治思维和法治方式推进改革，凡属重大改革都要于法有据。坚持改革的系统性、整体性、协同性，确保各项改革举措在政策取向上相互配合、在实施过程中相互促进、在改革成效上相得益彰。

真刀真枪推进改革，就要有制度安排做保障。制度是管根本的，管长远的。过去的改革从无到有，可以通过发动干部群众把改革变成一场运动，以运动式的冲击力来推动改革。现在的改革形势与过去有很大不同，新一轮改革需要有系统的制度设计和安排，主要通过制度来保障改革的顺利推进。中国新一轮的深化改革大多数与政府有关。政府改革需要壮士断腕，但光靠"壮士"的思想觉悟是不行的，就还必须要有制度和体制来推动改革。

真刀真枪推进改革，就要以钉钉子精神抓落实。"空谈误国，实干兴邦""一分部署，九分落实""喊破嗓子，不如做出样子""口号千万遍，不如低下身子实干""改革争朝夕，落实在方寸"。落实就要牢固树立全局意识、责任意识，把抓改革作为一项重大政治责任，坚定改革决心和信心，增强推进改革的思想自觉和行动自觉，既当改革促进派，又当改革实干家，以钉钉子精神抓好改革落实，扭住关键、精准发力，敢于啃硬骨头，盯着抓、反复抓，直到抓出成效。抓改革落实，就要遵循改革规律和特点，建立全过程、高效率、可核实的改革落实机制，推动改革举措早落地、见实效。

三、争当改革开放的开拓者、实干家

改革开放是决定当代中国命运的关键抉择，是当代中国发展进步的活力之源，是党和人民事业大踏步赶上时代的重要法宝，是坚持和发展中国特色社会主义、实现中华民族伟大复兴的必由之路。随着改革进入深水区，中国又一次走到了历史关口。因循守旧没有出路，畏缩不前坐失良机。拿出敢为天下先的胆魄，永葆"杀出一条血路"的闯劲，争当开拓者、实干家，就一定能让改革造就新气象、开放带来新活力，让发展打开新空间。

（一）幸福都是奋斗出来的

时代是奋斗者书写的，新时代是奋斗者的时代。任何成绩都是干出来的。走进新时代，我们必须赓续 40 多年的精神血脉，在过去已搭建起的改革四梁八柱上添砖加瓦，深入推进各项政策实施落地，增创体制机制新优势，抓住大有可为的历史机遇，共建共享共谋民生福祉。

幸福不会从天而降，坐而论道不行，坐享其成更不可能。要创造美好生活、得到幸福，必须不懈奋斗。奋斗是幸福之母，幸福的真谛就在于奋斗。只有奋斗，才能创造更多更好的物质财富和精神财富，不断丰富幸福的内涵、提升幸福的层次；只有奋斗，才能不断增强成就感、尊严感、自豪感，在创造美好生活的过程中感受幸福。"九层之台，起于累土。"在新时代，要把全面建设社会主义现代化国家的宏伟蓝图变为现实，必须不驰于空想、不骛于虚声，一步一个脚印，踏踏实实地干好每一项工作。全党全国各族人民以永不懈怠的精神状态和一往无前的奋斗姿态狠抓落实，发扬钉钉子精神，一锤接着一锤敲，一张蓝图绘到底，将美丽愿景变为美好生活。

做新时代的奋斗者，需要在辛勤劳动、务实苦干中不断提升自身素质，不断增强创造和享受幸福的能力。奋斗要实干、苦干，但不能盲干蛮干，更不能看着别人干跟在别人后面干，甚至消极不干。人的素质和能力是进行奋斗的前提条件，后天可以弥补提升。新时代、新征程、新矛盾、新目标对党和国家各项工作都提出了新要求，每个人都应思考如何提升自己的能力和素质来适应这个伟大的时代，更好地进行奋斗。比如，对于党员干部来说，就要不断增强学习本领、政治领导本领、改革创新本领、科学发展本领、依法执政本领、群众工作本领、狠抓落实本领、驾驭风险本领，有了这些本领才能更好地为党和人民的事业奋斗。而且，提高自身素质和能力的过程，就是不断完善自我的过程，也是享受幸福的过程。

做新时代的奋斗者，需要热情，更需要用心。用心，就要爱岗敬业、脚踏实地，不能学一门丢一门、干一行弃一行，而是要坚持干一行精一行，把工作做新、做优、做精，把奋斗过程变成创新创优的过程，变成不断为社会提供优质劳动成果的过程，努力创造一流业绩。用心，就要持之以恒、久久为功。如果干什么都三心二意、心猿意马，三天打鱼两天晒网，最终必然一事无成。只有沉下心来干事创业，幸福才会在前方等着我们。

（二）自觉坚持问题导向

问题是时代的声音，每个时代总有属于它自己的问题，只有树立强烈的问题意识，才能实事求是地对待问题，才能找到引领时代进步的路标。我们中国共产党人干革命、搞建设、抓改革，从来都是为了解决中国的现实问题。只有始终树立问题意识、坚持问题导向、科学分析问题、深入研究问题、弄清问题性质、找到症结所在，才能不断有效破解前进中的各种难题，才能开创新时代党和国家事业发展新局面。

坚持问题导向，就要有强烈的问题意识。改革是由问题倒逼而产生，又在不断解决问题中而深化。要坚持以重大问题为导向，抓住重大问题、关键问题进一步研究思考，找出答案，着力推动解决我国发展面临的一系列突出矛盾和问题。站在新的历史起点上，更加需要正视问题、不回避问题，并采取更加有力的措施解决问题。要实事求是地搞好调查研究，把调查研究贯穿改革的全过程，自觉深入基层了解实际情况，认真记录下群众反映的问题，既要了解调查地的总体情况，更要住下蹲点，借助"显微镜""望远镜""打破砂锅问到底"，真正把群众反映的问题作为改革的"第一呼声"。

坚持问题导向，就要认真分析研究问题。发现问题是前提，分析研究问题是能力。要善于运用科学的方法分析研究问题，坚持辩证唯物主义和历史唯物主义，善于具体问题具体分析，切实搞清哪些是政策层面的问题，哪些是制度层面的问题，哪些是落实过程中的问题。要坚持两点论与重点论的统一，善于抓主要矛盾和矛盾和主要方面，注重抓事关全局、事关长远发展、事关人民福祉的紧要问题，进一步明确有效破解问题的主攻方向，带动全局工作，推进事业全面发展。

坚持问题导向，就要及时解决问题。坚持做到有什么问题就解决什么问题，什么问题突出就着重解决什么问题。改革以效果为重，关键要看能不能解决问题、是不是促进发展、有没有增强群众获得感。发现问题而没有解决问题，就是改革没有落地。不能只闻"雷声"响、不见"雨点"落，要真正求实效见实效。要始终坚持问题导向和效果导向，把握好改革的路径、方法和手段，掌控好改革的时机、力度和节奏，以实实在在的改革成效取信于民。

（三）勇做时代的弄潮儿

中华民族伟大复兴，绝不是轻轻松松、敲锣打鼓就能实现的。全党必须准备付出更为艰巨、更为艰苦的努力。历史车轮滚滚向前，时代潮流浩浩荡荡。历史只会眷顾坚定者、奋进者、搏击者，而不会等待犹豫者、懈怠者、畏难者。全党一定要保持艰苦奋斗、戒骄戒躁的作风，以时不我待、只争朝夕的精神，奋力走好新时代的长征路。要坚定理想信念，志存高远，脚踏实地，勇做时代的弄潮儿，在实现中国梦的生动实践中放飞人生梦想，在为人民利益的不懈奋斗中书写人生华章。

使命呼唤担当，使命引领未来。中国共产党一经成立，就义无反顾肩负起实现中华民族伟大复兴的历史使命。中国共产党自诞生以来，不惧艰险，奋斗不止，一直走到了无比接近伟大复兴的时代前沿。我们要全面建成社会主义现代化强国，就必须具有强烈的担当意识、担当精神。党的二十大制定的任务书、时间表、路线图为我们清晰指明了奋斗方向。要有所作为，就必须使个人规划与国家战略同频，让个人选择与复兴大业共振，把个人努力汇入时代洪流。

学如弓弩，才如箭镞。学习是人生的永恒主题，才能是工作事业的支撑。因此，必须坚持把学习作为首要任务，让勤奋学习成为人生远航的动力，让增长本领成为人生搏击的能量。要坚持面向现代化、面向世界、面向未来，增强知识更新的紧迫感，如饥似渴地学习，既扎实打牢基础知识又及时更新知识，既刻苦钻研理论又积极掌握技能，不断提高与时代发展要求相适应的素质和能力。同时，既多读有字之书，也多读无字之书，注重学习人生经验和社会知识。"纸上得来终觉浅，绝知此事要躬行。"所有知识要转化为能力，都必须躬身实践。要坚持知行合一，注重在实践中学真知、悟真谛，加强磨炼、增长本领。在学以致用、深入基层、深入群众的过程中，在改革开放和社会主义现代化建设的大熔炉中，在社会的大学校里，掌握真才实学，增益其所不能，努力成为可堪大用、能担重任的栋梁之材。

一个没有精神力量的民族难以自立自强，一项没有文化支撑的事业难以持续长久。一个民族的文明素养很大程度上体现在青年一代的道德水准和精神风貌上。"德者，本也。"道德之于个人、之于社会，都具有基础性意义，做人做事第一位的是崇德修身。要加强思想道德修养，把正确的道德认知、自觉的道德养成、积极的道德实践紧密结合起来，自觉弘扬爱国主义、集体主义、社会主义思想，积极涵育社会公德、职业道德、家庭美德、个人品德，自觉树立和践行社会主义核心价值观，带头倡导良好社会风气。要注重加强自身法治素养，自觉尊法学法守法用法，不断增强法治意识，弘扬法治精神，成为社会主义法治的忠实崇尚者、自觉遵守者、坚定捍卫者，通过不断锤炼高尚品格，创造无愧于时代的人生。要顺应新时代的发展潮流，把个人的前途命运与国家、民族的前途命运紧密联系起来，自觉服务祖国、服务人民，积极奉献社会，努力实现自己的人生价值。"天下难事，必作于易；天下大事，必作于细。"要从自身做起、从点滴做起，坚忍不拔、百折不挠，一步一个脚印往前走，拿出经得起历史和人民检验的新时代的成绩单。

要把实干要求贯穿改革的全过程，自觉弘扬实事求是、求真务实精神，确保从认识理解、谋划部署、执行落实都有实实在在的举措。要深入实际、深入基层，认真研究梳理解决改革中出现的问题，确保党的改革政策、任务、要求真正落到实处，使改革精准对接发展所需、基层所盼、民心所向。对改革中发现的问题，要列出问题和责任清单，明确时限要求，坚持有什么问题就解决什么问题，什么问题突出就重点抓好什么问题，是谁的责任就由谁来负责整改。实干，就要以踏石留印、抓铁有痕的劲头，切实干出成效来，做到言必信、行必果。实干还必须讲究实效，要把是否促进经济社会发展、是否给人民群众带来实实在在的获得感，作为改革成效的评价标准，坚持从人民利益出发谋划改革思路，人民群众关心什么、期盼什么，改革就抓什么、推进什么，使改革符合广大人民群众意愿、得到广大人民群众拥护。

第九讲 改革关头勇者胜

一、改革如逆水行舟，不进则退

（一）改革要有股拼劲和闯劲

开弓没有回头箭，改革关头勇者胜。改革肯定会涉及不少人的利益，到了关键时候，某些受到影响的利益团体肯定会做阻碍，如果没有不坚持到底的拼劲和闯劲，改革就会失败，利益集团的既得利益就保住了。这时只有勇往直前，才能取得胜利，否则将前功尽弃。

2013 年，党的十八届三中全会确定了全面深化改革的顶层设计，提出 330 多项改革措施。改革关头勇者胜，我们将以敢于啃硬骨头、敢于涉险滩的决心，义无反顾推进改革。我们坚定不移坚持市场经济改革方向，将继续在市场、财税、金融、投融资、价格、对外开放、民生等领域集中推出一些力度大、措施实的改革方案。

2014 年 12 月 31 日，习近平总书记在二零一五年新年贺词中指出，我国人民生活总体越来越好，但我们时刻都要想着那些生活中还有难处的群众。我们要继续努力，把人民的期待变成我们的行动，把人民的希望变成生活的现实。我们要继续全面深化改革，开弓没有回头箭，改革关头勇者胜。我们要全面推进依法治国，用法治保障人民权益、维护社会公平正义、促进国家发展。我们要让全面深化改革、全面推进依法治国如鸟之两翼、车之双轮，推动全面建成小康社会的目标如期实现。

2016年8月30日，习近平总书记主持召开中央全面深化改革领导小组第二十七次会议并发表重要讲话指出，改革关头勇者胜，气可鼓而不可泄。要抓难点、补短板，尚未推出的改革要加快突破推进，已经推出的改革要加快落实落地。要抓试点、求突破，加强试点工作统筹，及时评估试点的成效、经验和问题，对证明行之有效的经验和做法，要及时推广应用。要抓督察、促落实，落实督察责任，严格督察工作要求，提高督察工作权威性和执行力。要抓宣传、聚共识，加强思想政治工作，及时了解群众利益诉求，尊重基层首创精神，发现基层创新典型，及时宣传总结推广。

全面深化改革在"四个全面"战略布局中处于关键部位，是决定实现第二个百年奋斗目标、实现中华民族伟大复兴的关键一招。改革开放40多年来，我们的每一次重大改革的成功都为党和国家注入新的活力，都给事业发展增添强大动力。当前，我国仍处于大有可为的战略机遇期，也面临"发展起来后"与"欠发展"的各种问题、困难与挑战。我们更加清楚地看到，中国发展的根本出路在改革；全面深化改革，重点在"全面"，关键在"深化"。"全面"者，表明改革不是某些领域、某些方面单兵突进，而是以完善和发展中国特色社会主义制度、推进国家治理体系和治理能力为总目标的全面、系统改革。"深化"者，意味着改革进入攻坚期和深水区，必须有勇气、有胆识、有担当，要敢于啃硬骨头，敢于涉险滩，敢于攻克顽瘴痼疾。"改革关头勇者胜"，这是改革攻坚克难的战略定力和精气神！

改革如逆水行舟，不进则退；没有勇往直前的那么一种冲劲、胆识和坚定信念，难以突破阻碍改革的重重阻力。40多年来，我们的改革取得的丰功伟绩举世瞩目，同时也展现出解放思想、敢于破除思想禁锢、敢于突破利益藩篱的大智慧。回首我们走过的改革之路，现阶段的新一轮改革已经进入深水区，放在中国改革的历史进程上可以称为第三波改革。20世纪80年代以推行农村联产承包责任制和扩大企业自主权为主导的改革应该是第一波；20世纪90年代以来旨在建成"社会主义市场经济体制"的一系列改革是第二波；党的十八大以来的全面深化改革应该是改革的第三波。正如我们看到的那样，第一波的改革阻力主要来自计划经济体制所固化的"大锅饭""铁饭碗"等思想观念障碍；第二波的改革阻力主要来自计划经济的体制机制障碍和"姓社姓资"的争论。与前两波改革相比，第三波改革面临的国内外环境非常复杂，经济发展新常态下各种挑战不断凸显，改革的系统性、协调性与风险性交织叠加，改革的顶层设计和全面统筹变得尤为重要。改革进入深水区，对于那些必须取得突破但一时还把握不准的重大改革仍然需要"摸着石头过河"，要鼓励和支持一些具备条件的地方先行先试，这也需要有勇气、有胆识的改革者敢于担当。

适应新常态，改革再出发，越是艰险越向前。党的十八大以来，新一轮改革呈现出顶层设计与"摸着石头过河"相结合的新特征，我们既要处理好"改革最先一公里"和"最后一公里"的关系，突破"中梗阻"，让改革更加"接地气"；同时也要防止不作为，不能遇到矛盾和问题就绕道走，遇到困难就打退堂鼓，甚至走回头路。改革的本质就是一场利益调整，当下的改革触动的是最难触动的利益。"触及利益比触动灵魂还难"。对于改革的决策者和推动者而言，应该要有更大的政治勇气，有坚持改革的战略定力和功成不必在我的胸怀，勇于做改革的促进派和实干家。因此，改革要扎扎实实干，想入非非不行，哗众取宠不行，蜻蜓点水也不行。开弓没有回头箭，我们将继续坚定不移实现改革目标，风雨无阻，勇往直前。

（二）剩下的都是难啃的硬骨头

改革，牵一发而动全身。习近平总书记担任中央全面深化改革领导小组组长以来，反复用"改革关头勇者胜"强调改革的艰巨性、复杂性，激励广大干部群众迎难而上。当前，改革已经到了新的关口，"容易的、皆大欢喜的改革已经完成了""剩下的都是难啃的硬骨头"。广大党员干部特别是地方和部门一把手要勇担重任，当好改革的促进派和实干家。

改革，从来都是逆水行舟。近年来，从户籍制度改革坚定推进到生态文明改革总体方案精彩亮相，从深入推动简政放权到军队组织架构实现历史性变革……以习近平同志为核心的党中央总揽改革全局，以动真碰硬的勇气、壮士断腕的决心打破利益藩篱，在诸多矛盾深、阻力大、牵涉面广的领域大刀阔斧，勇往直前。

当前，改革正处于闯关夺隘的紧要关口，越接近山顶，道路越险，越接近成功，阻力越大。特别是在触动利益比触动灵魂还难的今天，不勇敢地、全面深入地推进改革，可能会为山九仞，功亏一篑。只有不退缩、不泄气，咬定青山不放松，积极寻找克服困难的具体对策，才能推动改革持续前进。

改革为了人民，改革依靠人民。当前改革"不是推进一个领域改革，也不是推进几个领域改革，而是推进所有领域改革"，既要有总体方案，也要有试点推进，既需要顶层设计，也需要基层探索。过去的一年，改革披荆斩棘、勇毅笃行，不断增强人民群众的获得感、幸福感。人民的期待不断变成改革的行动，人民的憧憬陆续化作眼前的现实。

党的十八大以来，以习近平同志为核心的党中央更高举起改革大旗，习近平总书记关于全面深化改革的新思想、新观点、新论断应运而生，一场新时代的思想大解放席卷神州，中国特色社会主义伟大事业由此步入崭新境界、结出丰硕果实。党的十八届三中全会以来，习近平总书记亲自担任中央全面深化改革领导小组组长，既挂帅又出征，对改革整体布局、重大问题、关键环节作出一系列重要指示，在实践中进一步丰富和发展了改革认识论和方法论，逐步形成并确立了习近平总书记关于全面深化改革的新思想新观点新论断，成为习近平新时代中国特色社会主义思想的重要组成部分。

在全面建成小康社会、实现第一个百年奋斗目标后，我们乘势而上开启了全面建设社会主义现代化国家新征程，向第二个百年奋斗目标进军。全面深化改革又将迈上新的征程。"改革不停顿、开放不止步"，继续高举改革旗帜，不断推进改革事业，社会主义中国必将创造新的辉煌。从生态文明建设高度重视，到土地制度改革，到司法改革，到军队建设改革，到纪检监察体制改革，我们看到了中央改革的决心，看到了改革带来的获益。艰难困苦，玉汝于成。40多年的不断改革之后，全面深化改革必将谱写新时代新篇章，中华民族伟大复兴的中国梦必将迎来更加光辉灿烂的幸福前景。

全面深化改革必须要讲方向、讲原则、讲方法。我们必须要在不断探索中统筹谋划，协调推进。进入新时代，改革形势今非昔比，当前，我国的改革无论是从改革的范畴、改革的进程，还是改革中面临的阻力来看，都已进入攻坚期和深水区，这就要求我们在全面深化改革的进程中，必须更加注重改革的系统性、整体性和协同性。同时，在改革中还应拿捏好一个度，把握好快与慢、粗与细、空与实的关系。新时代凝聚新力量。新时代，我们要更加坚持党对改革的集中统一领导，把全国各族人民紧密团结起来，把最广大人民的智慧和力量凝聚到改革上来，形成万众一心、无坚不摧的磅礴力量，共同把改革推向前进。

党的十八届三中全会开启了全面深化改革的新阶段，党的二十届三中全会开启了进一步全面深化改革，推进中国式现代化的新征程。十多年来，以习近平为总书记的党中央观大局、察大势，牢牢把握改革正确方向，围绕完善和发展中国特色社会主义制度、推进国家治理体系和治理能力现代化的总目标，一步步谋篇布局，为全面深化改革引领航程。随着一批批带有顶层设计性质的综合改革实施方案相继出台，一项项具有标志性、关键性、引领性作用的重大改革举措陆续推出，改革总体部署全面展开，正以破竹之势，在经济、政治、文化、社会、生态文明、党的建设等重点领域和关键环节向纵深推进。这些求真务实、敢于碰硬、勇于创新的改革举措一经推进，体制机制上为解决广大干部群众关注的突出问题和矛盾开辟了正确途径，为经济社会发展注入了强劲动力。改革进入攻坚阶段，犹如逆水行舟、不进则退，必须拿出敢于啃硬骨头、敢于涉险滩的决心，冲破藩篱，勇往直前。

（三）改革有阵痛、不改革就是长痛

2016 年 5 月 20 日，习近平总书记主持召开中央全面深化改革领导小组第二十四次会议并发表重要讲话指出，我们要认识到改革有阵痛、但不改革就是长痛的道理。对各种矛盾要做到心中有数，增强改革定力，抓住改革时间窗口，只要看准了的改革，就要一抓到底，务求必胜。邓小平同志早就指出："改革，不会是一帆风顺的，它涉及的面很广，涉及一大批人的切身利益，一定会出现各种各样的复杂问题，一定会遇到重重障碍。"[1]

2012 年 12 月 31 日，习近平总书记在十八届中央政治局第二次集体学习时的讲话中指出，改革开放越往纵深发展，发展中的问题和发展后的问题、一般矛盾和深层次矛盾、有待完成的任务和新提出的任务越交织叠加、错综复杂。坚持深化改革开放，不断彰显中国特色社会主义制

---

[1]　《邓小平文选》（第二卷），人民出版社 1983 年版，第 152 页。

度优势，不断增强社会主义现代化建设的动力和活力，把我国制度优势更好转化为国家治理效能。改革开放再出发，必须紧扣体系性，注重各项改革之间的协同联动，同步推进配套改革，向顽瘴痼疾开刀，突破利益固化藩篱，重聚动真碰硬、爬坡过坎的改革共识，以更大的勇气和智慧，不失时机深化重要领域改革，确保改革开放向纵深推进。全面深化改革要拿出"明知山有虎，偏向虎山行"的勇气，突破制约改革向纵深发展的梗阻点。实际上，改革发展的历程已经证明了这一点。从率先创办经济特区，率先引进"三来一补"、海外的先进技术设备和管理经验及创办"三资企业"，到率先开展价格、财政、金融、投资体制、企业管理、产权制度、土地使用制度等方面的改革，改革开放的历史就是在一系列啃硬骨头、涉险滩的过程中写就的。今天，面对新时代新使命，我们更要强化改革意识，要深刻认识改革有阵痛、但不改革就是长痛的道理，勇于自我革命，不惧改革之痛；广泛凝聚干部群众改革共识，强化领导干部的责任担当，严厉惩治骄傲自满、不思担当，疲沓懈怠、不想担当，畏难退缩、不敢担当，观望等待、不愿担当的病态现象，倡导领导干部以人民为中心，既当改革促进派，又当改革实干家。深化对改革开放体系性的认识，充分把握改革的时序和节奏，即使不同阶段的改革在进程上相互协调，也使不同领域的改革在步调上协同一致，提高改革的整体效能。

二、必须拿出敢于啃硬骨头、敢于涉险滩的决心

改革开放以来，我们党对我国社会主义现代化建设作出战略安排，提出"三步走"战略目标。解决人民温饱问题、全面建成小康社会这两个目标已提前实现。党的二十大报告指出，从现在起，中国共产党的中心任务就是团结带领全国各族人民全面建成社会主义现代化强国、实现

第二个百年奋斗目标，以中国式现代化全面推进中华民族伟大复兴。全面建成社会主义现代化强国，总的战略安排是分两步走：从二零二零年到二零三五年基本实现社会主义现代化；从二零三五年到本世纪中叶把我国建成富强民主文明和谐美丽的社会主义现代化强国。未来五年是全面建设社会主义现代化国家开局起步的关键时期。在这个关键时期，必须拿出敢于啃硬骨头、敢于涉险滩的决心和信心，坚决打赢改革攻坚战，特别是要坚决打好防范化解重大风险攻坚战和污染防治攻坚战。

（一）坚决打好防范化解重大风险攻坚战

当前，我们已经迈上全面建设社会主义现代化国家新征程、正在意气风发地向第二个百年奋斗目标进军。在这个关键时期，能否有效化解已经存在的、积累于经济社会各个方面的风险，并有效避免或减少新的经济社会风险的积聚集合，不仅关系经济发展，关系社会稳定，关系经济社会发展能否健康有序，更关系到新时代新征程目标任务的顺利实现。

风险，就是生产目的与劳动成果之间的不确定性，大致有两层含义：一种定义强调了风险表现为收益不确定性；而另一种定义则强调风险表现为成本或代价的不确定性，若风险表现为收益或者代价的不确定性，说明风险产生的结果可能带来损失、获利或是无损失也无获利，属于广义风险，所有人行使所有权的活动，应被视为管理风险，金融风险属于此类。而风险表现为损失的不确定性，说明风险只能表现出损失，没有从风险中获利的可能性，属于狭义风险。

对于现代社会中的风险提出系统研究的是德国著名社会学家乌尔里希·贝克，他在 1986 年出版的《风险社会》一书中集中的探讨了有关风险社会的问题，使得风险社会的概念和理论成为全世界都普遍关注的一个问题。贝克认为，风险是现代性的产物，具有现代性的特征。之所以说现代社会是风险社会，主要是理由在于：第一，产生于晚期现代性的风险，在本质上是与财富不同的。如水、空气中的毒素和污染等。它们会引致的系统的、常常是不可逆的伤害，而且这些伤害一般是不可预见的。第二，风险具有安全不同的分配逻辑，或早或晚现代化的风险同样会冲击那些生产它们和得益于它们的人。例如，生态灾难和核泄漏是不分国家和边界的，即使是富裕和有权势的人也在所难免。第三，虽然风险的扩散和商业化并没有完全摒弃资本主义发展的逻辑，但它使资本主义进入了一个新的阶段。这就意味着，随着对它自己释放的风险的经济发掘，工业社会产生了风险社会的危险和政治可能性。第四，你可以拥有财富，但必定会受到风险的折磨，因为风险是文明强加的。第五，风险具有政治性，原来认为非政治性的风险，如自然和人类健康、市场崩溃、资本贬值、对工业决策的官僚化审查、新市场的开辟、巨额浪费、法律程序和威信的丧失，在风险社会中出现的是一种灾难的政治可能性。风险社会是一个灾难社会。在其中，异常的情况有成为屡见不鲜的情况的危险。[1] 由于现代化是一个自我创新的过程，因而工业社会也会被淘汰，这就意味着风险社会的出现。风险社会其实是指现代社会中的一个发展阶段。贝克认为风险社会的产生是"由于工业社会的自信主导着工业社会中的人民和制度的思想和行动。风险社会不是政治争论中的可以选择或拒斥的选项，它出现在对其自身的影响和威胁视而不见、充耳不闻的自主性现代化过程的延续性中。后者暗中累积并产生威胁，对现代社会的根基产生异议并最终破坏现代社会的根基。"[2]

从贝克对风险社会的论述可以看出，风险社会是社会发展一定阶段的必然产物，风险社会本身是社会形态的一种表现形式，是现代社会所

---

〔1〕　[德] 乌尔里希·贝克：《风险社会》，何博闻译，译林出版社 2003 年版，第 20－22 页。

〔2〕　[德] 乌尔里希·贝克等：《自反性现代化——现代社会秩序中政治、传统和美学》，商务印书馆 2001 年版，第 9－10 页。

不可避免的一种形态。在转型时期的中国，也体现着风险社会的特征，也存在着巨大的社会风险。改革开放 40 多年来，中国的政治、经济和社会得到快速的发展，已经由传统的计划经济社会转向现代化的市场经济社会，但是在这个发展过程中，中国社会也开始具备风险社会的特征，开始出现了无法预见的新的风险，例如伴随着经济高速增长的是日益严重的环境污染、社会生态急剧恶化，因此，中国社会在急剧发展的同时，也给自身带来许多不可预料也无法避免的社会风险，在这个意义上，中国实际上已经进入了风险社会，存在着自然风险、结构性风险、制度性风险、技术性风险等诸多类型。正是在风险社会理论的基础上，党中央结合我国改革发展实际，提出了防范化解重大风险问题，具有重要的现实必要性和实践紧迫性。在当前中国的各种风险中，重点是经济风险、金融风险。因此，打好防范化解重大风险攻坚战，重点是防控经济风险、金融风险。

首先，要充分认识防范化解风险的重要性。这就要求我们对"什么是风险""风险有什么危害"等问题有一个清楚的认识和全面的了解。虽然现在风险在多个领域都已经普遍存在，在有的领域还比较严峻，但是，对风险有充分认识和全面了解的人并不是太多，对风险的危害后果认识还不足。认识上的偏差必然会影响行动上的正确。有些人基于对风险的错误认识，不仅没有采取主动措施化解风险，甚至还在变相地加剧、积累风险。比如，一些地方政府的大幅举债、投资冲动等。这些非理性行为对经济社会发展是非常不利的，同时也不利于防范和化解经济社会风险。因此，首先加大对风险的宣传，提高对风险的认识和了解，从而在思想上对防范化解风险予以重视。

其次，要把深入推进供给侧结构性改革作为防范化解风险的重要抓手。供给侧结构性改革作为缓解供需矛盾、提高供给质量、优化经济结构、化解产能过剩、提高经济运行效率的重要手段，经过近些年的实践，已经取得了比较明显的成效。但是，由于长期积累的矛盾太深、问题太多，短时间内是解决不了的，且不能只维持在表面，而必须深入到经济结构的内核。这几年经济社会发展的实践证明，如果能够坚持供给侧结构性改革这条主线，并不断地向纵深推进，不仅可以解决产能过剩这个突出问题，而且对防范和化解风险也会有重大作用。

第三，以发展实体经济来防范化解经济金融风险。长期以来，金融机构一直奉行"脱实向虚"的金融政策，对实体经济过于强调企业违约现象，过于看重贷款风险，忽视了金融必须服务于实体的基本经济原则，没有对实体经济积极支持、主动服务，导致大量的资金涌入房地产业、金融行业，实体经济融资难、贷款难现象比较突出，加剧了实体经济的经营困难。因此，实体经济的困难是与金融机构的服务错位有着密切关系的。必须通过加大对实体经济的支持力度，改善与实体经济的关系，形成良性循环。

最后，重点是防控金融风险。打好防范化解重大风险攻坚战，重点是防控金融风险，要服务于供给侧结构性改革这条主线，促进形成金融和实体经济、金融和房地产、金融体系内部的良性循环，做好重点领域风险防范和处置，坚决打击违法违规金融活动，加强薄弱环节监管制度建设。必须发挥好监管职能，确保监管到位，尤其是在金融创新领域，更要做到监管及时跟进，监管职能到位，监管没有死角。对已经发现的影响金融市场秩序的行为，要坚决做到严厉打击、决不手软。只有这样，金融市场秩序才能稳定，风险也才能逐步减少。因此，要高度重视金融、地方债务、信息安全、社会稳定等领域存在的风险隐患，增强忧患意识和底线思维，解决采取有力措施，有效遏制增量奉献，有序化解存量风险，坚决守住不发生系统性风险的底线。

（二）坚决打好污染防治攻坚战

良好生态环境是实现中华民族永续发展的内在要求，是增进民生福祉的关键领域。污染问题既是发展问题，又是民生问题，关系到全面建设社会主义现代化国家的成色和成效。党的十八大以来，以习近平同志为核心的党中央把生态文明建设作为统筹推进"五位一体"总体布局和协调推进"四个全面"战略布局的重要内容，谋划开展了一系列根本性、长远性、开创性工作，推动生态文明建设和生态环境保护从实践到认识发生了历史性、转折性、全局性变化，生态文明建设成效显著，美丽中国建设迈出重要步伐，我国成为全球生态文明建设的重要参与者、贡献者、引领者。

在看到成绩的同时，我们也应该清醒意识到我国生态文明建设和生态环境保护面临不少困难和挑战，存在许多不足。一些地方和部门对生态环境保护认识不到位，责任落实不到位；经济社会发展同生态环境保护的矛盾仍然突出，资源环境承载能力已经达到或接近上限；城乡区域统筹不够，新老环境问题交织，区域性、布局性、结构性环境风险凸显，重污染天气、黑臭水体、垃圾围城、生态破坏等问题时有发生。这些问题已经成为重要的民怨之源、民生之患、民心之痛，成为经济社会可持续发展的瓶颈制约，成为现代化建设的弱项短板。

进入新时代，解决人民日益增长的美好生活需要和不平衡不充分的发展之间的矛盾对生态环境保护提出许多新要求。当前，生态文明建设正处于压力叠加、负重前行的关键期，已进入提供更多优质生态产品以满足人民日益增长的优美生态环境需要的攻坚期，也到了有条件有能力解决突出生态环境问题的窗口期，全党上下必须加大力度、加快治理、加紧攻坚，打好标志性的重大战役，为人民创造良好生产生活环境。

习近平总书记高度重视生态文明建设，站在坚持和发展中国特色社会主义、实现中华民族伟大复兴中国梦的战略高度，深刻回答了为什么建设生态文明、建设什么样的生态文明、怎样建设生态文明等重大理论和实践问题，系统形成了习近平生态文明思想，有力指导生态文明建设和生态环境保护取得历史性成就、发生历史性变革。坚持生态兴则文明兴。建设生态文明是关系中华民族永续发展的根本大计，功在当代、利在千秋，关系人民福祉，关乎民族未来。坚持人与自然和谐共生。保护自然就是保护人类，建设生态文明就是造福人类。必须尊重自然、顺应自然、保护自然，像保护眼睛一样保护生态环境，像对待生命一样对待生态环境，推动形成人与自然和谐发展现代化建设新格局，还自然以宁静、和谐、美丽。坚持绿水青山就是金山银山。绿水青山既是自然财富、生态财富，又是社会财富、经济财富。保护生态环境就是保护生产力，改善生态环境就是发展生产力。必须坚持和贯彻绿色发展理念，平衡和处理好发展与保护的关系，推动形成绿色发展方式和生活方式，坚定不移走生产发展、生活富裕、生态良好的文明发展道路。坚持良好生态环境是最普惠的民生福祉。生态文明建设同每个人息息相关。环境就是民生，青山就是美丽，蓝天也是幸福。必须坚持以人民为中心，重点解决损害群众健康的突出环境问题，提供更多优质生态产品。坚持山水林田湖草沙是生命共同体。生态环境是统一的有机整体。必须按照系统工程的思路，构建生态环境治理体系，着力扩大环境容量和生态空间，全方位、全地域、全过程开展生态环境保护。坚持用最严格制度最严密法治保护生态环境。保护生态环境必须依靠制度、依靠法治。必须构建产权清晰、多元参与、激励约束并重、系统完整的生态文明制度体系，让制度成为刚性约束和不可触碰的高压线。坚持建设美丽中国全民行动。美丽中国是人民群众共同参与共同建设共同享有的事业。必须加强生态文明宣传教育，牢固树立生态文明价值观念和行为准则，把建设美丽中国化为全民自觉行动。坚持共谋全球生态文明建设。生态文明建设是构建人类命运共同体的重要内容。必须同舟共济、共同努力，构筑尊崇自然、绿色发展的生态体系，推动全球生态环境治理，建设清洁美丽世界。

习近平生态文明思想为推进美丽中国建设、实现人与自然和谐共生的现代化提供了方向指引和根本遵循，必须用以武装头脑、指导实践、推动工作。要教育广大干部增强"四个意识"，树立正确政绩观，把生态文明建设重大部署和重要任务落到实处，让良好生态环境成为人民幸福生活的增长点、成为经济社会持续健康发展的支撑点、成为展现我国良好形象的发力点。

坚持绿水青山就是金山银山，推进绿色发展，强化节能减排，持续实施好大气、水、土壤污染防治行动计划，着力解决突出环境问题，加强重要生态系统保护和修复，改革生态环境监管机制，推动形成人与自然和谐发展现代化建设新格局。作为生态文明建设的重要内容，做好污染防治工作不仅是建设美丽中国、满足人民群众美好生活向往的内在要求，也是落实中华民族永续发展"千年大计"的第一步。大自然是人类赖以生存发展的基本条件。尊重自然、顺应自然、保护自然，是全面建设社会主义现代化国家的内在要求。必须牢固树立和践行绿水青山就是金山银山的理念，站在人与自然和谐共生的高度谋划发展。我们要推进美丽中国建设，坚持山水林田湖草沙一体化保护和系统治理，统筹产业结构调整、污染治理、生态保护、应对气候变化，协同推进降碳、减污、扩绿、增长，推进生态优先、节约集约、绿色低碳发展。我们要加快发展方式绿色转型，实施全面节约战略，发展绿色低碳产业，倡导绿色消费，推动形成绿色低碳的生产方式和生活方式。

三、改革措施要直击要害，实现精确改革

（一）把全面精准深化改革进行到底

全面精准深化改革，要始终坚持党的领导。推进改革的目的是要不

断推进我国社会主义制度自我完善和发展，赋予社会主义新的生机活力。这里面最核心的是坚持和改善党的领导、坚持和完善中国特色社会主义制度，偏离了这一条，那就南辕北辙了。党的领导在任何时候都是最坚强有力的核心，都是正确的指明灯。我们党一百多年的奋斗经验带领着中华民族披荆斩棘，战胜各种艰难险阻，先后取得新民主主义革命、社会主义革命和建设、新时期改革开放的胜利，带领中国人民完成了从站起来、富起来到强起来的转变，走出了一条独具中国特色的社会主义道路。在新时代，只有坚持中国共产党的指导，把握全面正确的方向，才能继往开来，接续发展。

全面精准深化改革，要坚定中国特色社会主义的根本政治方向。中国特色社会主义的根本政治方向不是凭空得来的，是历经千辛万苦、付出巨大代价和试错得来的。我们之所以能有今天的成就，就是因为我们坚定不移地坚持中国特色社会主义的全部理论和实践，坚定了根本的政治方向。在全面精准深化改革的征途中，我们保持清醒的头脑，绝不能犯方向性错误，必须增强改革定力，既不走封闭僵化的老路，也不走改旗易帜的邪路，必须确保所有的改革都在完善和发展中国特色社会主义制度的方向上进行。

全面精准深化改革要走在正确的康庄大道上，改革是一切发展的动力。站在新时代的起点上，我们要源源不断汲取改革发展的动力，不断赢得改革发展的主动权，深刻领悟"两个确立"的决定性意义，牢固树立"四个意识"，始终坚定"四个自信"，坚决做到"两个维护"，不折不扣地落实好党中央的各项改革决策部署，把全面深化改革进行到底。

（二）要因地制宜实施改革方案

2019年1月23日，中央全面深化改革委员会第六次会议召开。会议要求，深化改革要做到抓好任务统筹，精准推进落实，加强调查研究，坚持问题导向，改革措施要直击要害，实现精确改革。近年来，我国的改革工作不断推进，面对的问题都是十分艰巨的困难问题，要解决这些问题，不仅要大胆探索、勇于开拓，更要树立问题意识和导向，因地制宜，"咬定"精准不放松。"改革是由问题倒逼而产生。"问题把握不精准，难免会产生本末倒置的情况，从而导致改革效果的减弱甚至达不到预期的结果。做到精准发现问题就得扎实开展调查研究工作，集思广益、群策群力，紧紧抓住改革的方向。解决问题要精准。领域之间、项目之间都不可能完全对立，改革工作往往"牵一发而动全身"。倘若找错了方向，就会导致改革工作迟缓或者偏离实际，影响改革效果。因此，要因地制宜实施改革方案，层层细化，确保各项措施精准有效。尤其是直接面向基层群众，与国计民生息息相关的改革，更容不得半点马虎，应当结合实际一步一个脚印，切忌"眉毛胡子一把抓"。要实现精确改革，通过深化改革解决问题，就要突出一个"实"字。不断强化责任担当，转变工作作风，把改革任务落到实处，做改革的实干家，才能更好地完成改革工作，向人民交出一份满意的时代答卷。

我国各地区发展阶段不同，制定供给侧结构性改革政策除了统一思想，更要因地制宜。要在确保中央政策权威性、指导性的同时，保护地方改革的积极性和自主性。地方的供给侧结构性改革要强调层次性和差异化，使改革既有"共性"也有"个性"。供给侧结构性改革不能成为一个新的"筐"，什么都往里装。供给侧结构性改革是用改革的方法消除供给侧存在的体制机制障碍，它不同于一般的政策调整、企业的转型升级或是产品的更新换代。供给侧结构性改革实际上是解决一个根本的问题，就是让供给和需求真正匹配起来，具体来讲，我们需要解决6个领域的匹配问题：第一是政策供给要跟我们发展和需要的政策相匹配不匹配。第二，我们的体制机制设计跟我们经济发展、社会发展的需要是否匹配。第三，企业提供的产品包括它的品质是否符合消费者的要求。

第四是劳务。第五是科技。第六是人才。推进供给侧结构性改革，目的是通过进一步推进市场化改革和完善市场机制，既不是要强化政府干预，更不是搞新的"计划经济"。在制度供给方面，如果政府操作太多，反而会起到适得其反的效果，在供给侧结构性改革的过程当中，政府应在客观上起到积极主动的作用。

我国各地区发展水平不同，制定供给侧结构性改革政策在确保中央政策权威性、指导性的同时，应当充分发挥地方改革的积极性，做到因地制宜。因为各地经济、政治、文化、社会、地理、历史条件都不相同，所以我们在推进供给侧结构性改革的过程中，我们不能简单的一刀切。在发展条件不同的地方，我们如何让中央讲的供给侧结构性改革真正落地是我们要考虑的问题。我们要针对短板采取行之有效的措施，这才是真正意义上的因地制宜。

（三）改革措施要直击要害

当前，我国改革进入深水区，面对的都是难啃的"硬骨头"、难打的"硬仗"。要拿下这一个个"硬骨头"、打赢一场场"硬仗"，既要大胆探索、勇于开拓，逢山开路、遇水架桥，也要树立问题意识和导向，因地制宜、量体裁衣，精准推进。

发现问题要精准。问题把握不准或者浮皮蹭痒，都难免会出现头痛医脚、南辕北辙的情况，从而会减弱甚至达不到预期的改革效果。俗话说，"内行看门道，外行看热闹。"做到精准发现问题就得扎实练"内功"，大兴调查研究之风，矢志当改革领域的行家里手，"门外汉"是瞧不出"门道"的。同时，也要善于借用"外脑"，集思广益想招法、群策群力做谋划，紧紧扭住改革"牛鼻子"，方能跑出改革新速度。

解决问题要精准。养老、医疗、教育、金融……任何一个领域的任何一项改革都不是孤立的，往往"牵一发而动全身"。倘若开错了"方子"，可能会导致改革停滞不前或者背离改革"初衷"，进而影响改革的系统性、整体性、协同性。因此，在改革方案落地过程中，要因地制宜，用好"绣花"功夫，逐层细化，确保各项举措直击要害、精准有效。尤其是直接面向基层群众，与国计民生息息相关的改革，更容不得半点马虎，应当结合实际一步一个脚印，确保干一件成一件，切忌"一阵风、一刀切、一锅煮"。

习近平总书记2016年7月22日在中央全面深化改革领导小组会议上指出，要"确保党中央确定的改革方向不偏离、党中央明确的改革任务不落空，使改革精准对接发展所需、基层所盼、民心所向"，表明了中央全面深化改革的决心。面对当前发展中的各种矛盾和问题，应通过不折不扣地落实党中央关于全面深化改革的决定决策，找到解决问题的治本之策。

我国各地经济发展不平衡，自然条件差别大，应允许地方政府从本地实际出发，创造性地贯彻落实中央关于改革的部署。要允许地方政府根据中央精神，先改先试，大胆实践，敢于创新。改革的历史证明，好的改革举措往往来自基层，来自群众的创造，不是坐在办公室里想出来的。对于一些实践证明的成功改革，应及时总结推广。判断改革成功与否，主要应当看是否促进了生产力发展，是否促进了人民增收，群众是否拥护这项改革。人们对新的改革举措会有不同意见，包括干部在内，会有这样那样的观点，这是正常的。如果等到争论明白、统一认识再改革，将会贻误时机，影响发展。要用改革为发展创造新动能和良好环境，并以发展来检验改革。对发展所需、基层所盼、民心所向的改革，更应作为重点加快改革步伐。应当看到，地方各级党政领导和基层群众改革的积极性很高，对改革的期望值很高，对发展中存在的问题，只要从深化改革上开动脑筋、寻找办法，看似很难解决的问题就会迎刃而解。因为，与改革历史上曾经遇到过的问题相比，目前的问题解决难度要小，而解决的条件比过去要好。关键是要正视问题，精准对接问题。

　　"纸上得来终觉浅，绝知此事要躬行。"说一千道一万，不如踏踏实实干。要实现精确改革，通过深化改革解决问题，归根结底应落在一个"实"字上。各级领导干部要进一步强化责任担当，转变工作作风，把改革任务扛在肩上、抓在手上，当好改革的促进派和实干家。抓铁有痕、踏石留印，才能画出绚丽的改革画卷，向人民交出一份满意的时代答卷。

第十讲　以钉钉子精神抓好改革落实

一、改革要做到"蹄疾而步稳"

2014 年 1 月 22 日，兼任中央全面深化改革领导小组组长的习近平总书记主持召开中央全面深化改革领导小组第一次会议并发表重要讲话强调，有的地方、单位、干部对全面深化改革的艰巨性、复杂性、关联性、系统性估计不足；有的对全面深化改革的重要性和紧迫性认识不足，抓改革作风不扎实、工作不到位。随着改革不断推进，对利益关系的触及将越来越深，对此也要有足够思想准备。对改革进程中已经出现和可能出现的问题，困难要一个一个克服，问题要一个一个解决，既敢于出招又善于应招，做到"蹄疾而步稳"。这一重要论述，既体现推进全面深化改革的信心决心，又展示把握全面深化改革节奏的精准冷静，是全面深化改革的思想引领，也是科学方法。

（一）战略上要勇于进取

改革开放是我们党的一次伟大觉醒，正是这个伟大觉醒孕育了我们党从理论到实践的伟大创造。改革开放是中国人民和中华民族发展史上一次伟大革命，正是这个伟大革命推动了中国特色社会主义事业的伟大飞跃！建成社会主义现代化强国，实现中华民族伟大复兴，是一场接力跑，我们要一棒接着一棒跑下去，每一代人都要为下一代人跑出一个好成绩。全党全国各族人民要更加紧密地团结在党中央周围，高举中国特色社会主义伟大旗帜，不忘初心，牢记使命，将改革开放进行到底，不断实现人民对美好生活的向往，在新时代创造中华民族新的更大奇迹，创造让世界刮目相看的新的更大奇迹。新时代推进改革开放伟大事业，需要有更大的战略眼光、更强的战略举措和更实的战略行动。战略，是一种从全局考虑谋划实现全局目标的规划，是一种长远的规划、远大的目标。战略规划的是"争一世雌雄"而不是"争一时强弱"，因而应做到统筹规划、通盘考虑、积极进取。

大胆试大胆闯。不坚持社会主义，不改革开放，不发展经济，不改善人民生活，只能是死路一条。"改革开放胆子要大一些，敢于试验"，"看准了的，就大胆地试，大胆地闯。没有一点闯的精神，没有一点'冒'的精神，没有一股气呀，劲呀，就走不出一条好路，走不出一条新路，就干不出新的事业"。艰难困苦，玉汝于成。40多年来，我们解放思想、实事求是，大胆地试、勇敢地改，干出了一片新天地。40多年的风雨同舟，40多年的披荆斩棘，40多年的砥砺奋进，我们党引领人民绘就了一幅波澜壮阔、气势恢宏的历史画卷，谱写了一曲感天动地、气壮山河的奋斗赞歌。站在新时代起点上，我们必须坚持加强党的领导和尊重人民首创精神相结合，坚持"摸着石头过河"和顶层设计相结合，坚持问题导向和目标导向相统一，坚持试点先行和全面推进相促进，既鼓励大胆试、大胆闯，又坚持实事求是、善作善成，确保了改革开放行稳致远。前进道路上，我们要增强战略思维、辩证思维、系统思维、创新思维、历史思维、法治思维、底线思维，加强宏观思考和顶层设计，坚持问题导向，聚焦我国发展面临的突出矛盾和问题，深入调查研究，鼓励基层大胆探索，坚持改革决策和立法决策相衔接，不断提高改革决策的科学性。我们既要敢为天下先、敢闯敢试，又要积极稳妥、蹄疾步稳，把改革发展稳定统一起来，坚持方向不变、道路不偏、力度不减，推动新时代改革开放走得更稳、走得更远。

坚决改马上改。改革开放极大改变了中国的面貌、中华民族的面貌、中国人民的面貌、中国共产党的面貌。中华民族迎来了从站起来、富起来到强起来的伟大飞跃，中国特色社会主义迎来了从创立、发展到完善的伟大飞跃，中国人民迎来了从温饱不足到小康富裕的伟大飞跃，中华民族正以崭新姿态屹立于世界的东方。在前进道路上，我们只有顺应历史潮流，积极应变，主动求变，才能与时代同行。与时代同行，就应做到对改革面临的矛盾问题坚决改马上改、彻底改。坚决改马上改是决心信心勇气毅力，也是态度立场智慧行动。坚决改马上改，就应坚定改革的信心决心，切实增强改进的使命感紧迫感，正视各种风险挑战，敢于涉险滩、敢啃硬骨头，以更大决心勇气冲破思想观念的障碍、革除体制机制的弊端，突破利益固化的藩篱，坚定不移推进改革向前进。始终保持高度的政治敏锐性和政治责任感，切实增强"四个意识"，坚定"四个自信"，做到"两个维护"，以求真务实的作风与坚定不移的行动把党中央的改革决策与任务部署落实到位。注重紧密结合实际，统筹谋划、大胆探索、科学决策，对群众高度关注的问题及时制定改革措施，画出路线图，列出时间表，制定任务书，一项一项地解决，一件一件地落实，确保改革实效。做到立行立改、真改实改、彻底地改、一刻不停地改，迅速办、抓紧办、争分夺秒地办，办成办好办出实效，办得让人民满意。

盯着抓反复抓。随着改革向纵深推进，面临的难题更多、实施的难度更大，只有坚持盯着抓反复抓，改革举措才能真正落地，改革成效才能充分显现。盯着抓反复抓，就应善于抓住机遇，坚定必胜信念，增强忧患意识，以更大的政治勇气和智慧、更加强有力的举措推进全面深化改革，加快经济结构优化升级，提升科技创新能力，善于变压力为动力、转危为机，切实把握改革主动权。注重掌握科学的工作方法，自觉坚持在想问题、作决策、办事情时，始终坚持以人民为中心，始终把人民拥护不拥护、赞成不赞成、高兴不高兴、答应不答应作为制定政策措施、衡量工作得失的根本标准，做到一切为了人民、一切依靠人民。坚持亲力亲为，做到重点改革项目亲自研究，重要改革任务亲自部署，重大改革方案亲自筹划，关键改革环节亲自把关，改革实效亲自督察。对那些难度大、影响广、与人民群众利益密切相关的改革项目，尤其要做到亲自抓在手上，一抓到底。坚持勇于负责、敢于担当，绝不能出现"看着""等着""拖着""绕着""躲着""磨着"等问题，坚定不移地把各项改革任务落到实处。始终围绕老百姓最期盼的问题解决、最关注的事情寻求突破，坚决攻克改革难点，加快补齐短板，以对历史负责的政治责任感，以"功成不必在我"的精神境界和"功成必定有我"的历史担当，以"时不我待、只争朝夕"的紧迫感，以"勇往直前、舍我其谁"的干劲，撸起袖子加油干，切实为改革做出历史性贡献。

（二）战术上要稳扎稳打

驽马十驾，功在不舍。锲而舍之，朽木不折；锲而不舍，金石可镂。"蹄疾"首要的是"步稳"，"疾"而"不稳"，就可能导致"马失前蹄""人仰马翻"，速而不达。推动改革，既要勇于担当、敢于负责、大胆推进，更要防范化解风险，最大限度减少失误。改革是前无古人的崭新事业，必须做到慎之又慎、稳之又稳，绝不能出现"难以挽回""无法弥补""前功尽弃"的现象。进入攻坚期和深水区的改革，必须弄清深层次和系统性矛盾与问题、摸准快速推进改革的规律与举措。唯有坚持站在大局下研究思考问题，做到战术上稳扎稳打，才能保证改革行稳致远。

既要出招又要应招。出招应招都需要来自对形势任务、矛盾问题、特点规律的准确把握，具备宽泛的视野、全局的观念、丰富的知识、正确的决策、快速的应对、果敢的行动。全面深化改革过程中，需要准确把握本单位、本地区、本部门改革任务特点规律，拿出有利推进改革的高招、妙招、新招、实招；也要针对可能出现的矛盾问题及遇到的困难挑战，采取行之有效的应对之策。应不断加强学习，自觉提高理论水平和把握规律的能力，掌握推进改革的过硬本领，努力成为推进改革的行家里手。坚持用习近平新时代中国特色社会主义思想武装头脑，做到学而信、学而知、学而深、学而通、学而强、学而用、学而行。坚持学中干、干中学，通过学习实践，补齐短板，练就过硬本领。深入开展调查研究，找准问题，理清思路，拿准对策，做到心中有数。善于统筹协调，正确处理好抓当前与抓长远、抓局部与抓整体、抓重点与抓全面等方面的关系，形成整体推进、协调运转、良性发展的局面。主动提高抓落实的能力，善于把原则性要求变成硬性措施，把硬性规定任务变成具体行动，推动改革举措落实到位。充分调动人民群众的积极性主动性，发挥人民群众的创造性创新性，聚集改革智慧力量，攻克改革难题，突破改革难关险关，取得改革的最后胜利。

既有胆量又有方略。胆量和方略，都是改革者必备素质能力，成功者必备精神气质与功力底蕴。有胆量无方略，或有方略无胆量，都不会助推改革成功。胆量需要信念勇气，方略取决于知识智慧。推进改革，有胆量是前提，有方略是关键，二者都改革者所备。正如邓小平同志所讲的："所谓胆子要大，就是要坚定不移地搞下去；步子要稳，发现问题就赶快改。"面对改革艰巨任务，既要坚决去掉"畏首畏尾""担惊受怕""引火烧身""不在此时""不必有我"等错误思想观念，更要杜绝

"拍脑门""拍胸脯""拍屁股"等随意蛮干行为，自觉做到"天下难事必作于易，天下大事必作于细"，有勇有谋地投入到改革的历史进程中去，真正在改革的历史进程中做出不平凡的业绩。狭路相逢勇者胜。勇者无敌。改革任务越艰巨，越要有过人的胆识、雅量与豪气，越要有担当的宽肩膀、真本领、硬功夫。习近平总书记强调指出："干部就要有担当，有多大担当才能干多大事业，尽多大责任才会有多大成就。"推进改革成功，就要把责任和担子都挑起来，坚决克服"三天打鱼两天晒网""雷声大雨点小""出功不出力"等思想行为。有胆量有方略，亦需要敢于直面问题、勇于解决问题，不能"打太极""捉迷藏""唱双簧""当推手"，自觉做到马上办、真心办、全力办、现场办、彻底办，不达目的不罢休，不见成效不收兵。有胆量有方略，还需要敢作敢为、善做善成，做到既有胆子又有点子还迈得开步子。开弓没有回头箭，改革没有回头路，只能义无反顾，勇往直前，决不能停顿、止步，更不能回头、退缩。党员干部只有自觉担负起全面深化改革的政治任务，坚定必胜信心，勇于攻坚克难，将改革开放进行到底，才能不断实现人民对美好生活的向往。

既不懈怠又不折腾。不懈怠，讲的精神状态和工作态度问题，强调的是要有强烈的忧患意识，绝不能"松劲""歇脚""退却"。不折腾，讲的发展方法和改革策略问题，强调的是要有科学方法和法治理念。不懈怠，就要做到居安思危，成功应对各种风险挑战、克服各种艰难险阻，有效"应变局""化危机"。坚持以人为本，多谋民生之利，多解民生之忧，解决好人民最关心最直接最现实的利益问题，努力让人民"有更好的教育、更稳定的工作、更满意的收入、更可靠的社会保障、更高水平的医疗卫生服务、更舒适的居住条件、更优美的环境，期盼孩子们能成长得更好、工作得更好、生活得更好。"不折腾，就要坚持以马克思列宁主义、毛泽东思想、邓小平理论、"三个代表"重要思想、科学发展观、习近平新时代中国特色社会主义思想为指导，坚持解放思想和实事求是有机统一。拥护"两个确立"、增强"四个意识"、坚定"四个自信"，做到"两个维护"，把党的领导贯彻和体现到改革发展稳定、内政外交国防、治党治国治军等各个领域。坚持科学执政、民主执政、依法执政，完善党的领导方式和执政方式，提高党的执政能力和领导水平，不断提高党把方向、谋大局、定政策、促改革的能力和定力，确保改革开放沿着正确方向前行。始终把人民对美好生活的向往作为奋斗目标，践行党的根本宗旨，贯彻党的群众路线，尊重人民主体地位，尊重人民群众在实践活动中所表达的意愿、所创造的经验、所拥有的权利、所发挥的作用，充分激发蕴藏在人民群众中的创造伟力。坚持实现立法和改革决策相衔接，做到重大改革于法有据、立法主动适应改革发展需要。在研究改革方案和改革措施时，同步考虑改革涉及的立法问题，及时提出立法需求和立法建议。实践证明行之有效的，及时上升为法律。实践条件还不成熟、需要先行先试的，按照法定程序作出授权。对不适应改革要求的法律法规，及时修改和废止。加强法律解释工作，及时明确法律规定含义和适用法律依据。把党对依法治国具有重要意义的改革举措，纳入改革任务总台账，一体部署、一体落实、一体督办。

（三）保持定力勇往直前

习近平总书记强调指出："40 年来取得的成就不是天上掉下来的，更不是别人恩赐施舍的，而是全党全国各族人民用勤劳、智慧、勇气干出来的！我们用几十年时间走完了发达国家几百年走过的工业化历程。在中国人民手中，不可能成为了可能。我们为创造了人间奇迹的中国人民感到无比自豪、无比骄傲！""中华民族伟大复兴，绝不是轻轻松松、敲锣打鼓就能实现的。全党必须准备付出更为艰巨、更为艰苦的努力。"〔1〕 实现中华民族伟大复兴的新征程上，前进的道路绝不会是一马平川、风平浪静的，仍会面临激流险滩、荆棘深渊，遇到曲折起伏、风险挑战。我们要有效应对重大挑战、抵御重大风险、克服重大阻力、解决重大矛盾，确保中国特色社会主义航船乘风破浪、勇往直前，胜利达到光辉的彼岸，必须保持战略定力。这种定力，是自信自强自尊自爱的内在约束，是决心勇气意志毅力的外在展示，也是对态度认识智慧能力的综合检验。

做到"不畏浮云遮望眼"。保持战略定力，需要对形势任务有清醒的认识和正确的判断。习近平总书记强调指出，谋划和推进党和国家各项工作，必须深入分析和准确判断当前世情国情党情。我们强调重视形势分析，对形势作出科学判断，是为制定方针、描绘蓝图提供依据，也是为了使全党同志特别是各级领导干部增强忧患意识，做到居安思危、知危图安。正确分析和判断形势，是党制定路线方针政策和决策的科学依据，是党在战略上科学谋划、赢得主动的基础和前提，是党推动工作、开创新局、取得成功的法宝，也是保持战略定力的关键性因素。正确分析和判断形势，就要注重从政治的高度看待问题，始终从党的利益出发、从人民的利益出发、从维护改革发展大局出发，去分析思考和解决问题，切实站稳人民立场，不做"骑墙草""拨浪鼓""摇头虫""变色龙"。坚持通过历史的、对比的、综合的、双向思维的观点与办法，去反复研究分析改革过程遇到的矛盾问题，力求精准、全面、深入地去把握解决，既不"以偏概全""以点代面""挂一漏万"又不"经不起推敲""摆不上桌面""见不了公婆"。自觉增强战略思维、辩证思维、系统思维、创新思维、历史思维、法治思维、底线思维，加强宏观思考和顶层设计，坚持问题导向，聚焦改革发展面临的突出矛盾和问题，深入调查研究，鼓励基层大胆探索，坚持改革决策和立法决策相衔接，不

---

〔1〕 习近平：《在庆祝改革开放 40 周年大会上的讲话》，《人民日报》2018 年 12 月 19 日。

断提高改革决策的科学性。同时，还要坚持多思、多想、多问。多思，就是要多思党的过去、现在与未来，多思国家的过去、现在与未来，多思中国人民的过去、现在与未来，多思世界的过去、现在与未来，多思自己的过去、现在与未来，从而自觉做到知行合一，用习近平新时代中国特色社会主义思想武装头脑、指导实践。多想，就是要多想自建党以来党领导中国人民创造的人间奇迹，多想党的十八大以来党砥砺奋进取得的辉煌成就，从而做到自信、担当、忠诚、自觉、尽责、向上。多问，就是要多问书本、多问领导、多问专家、多问同事、多问实践，自觉做到问出境界、问出觉悟、问出水平、问出成效，从而不断增强政治意识、大局意识、核心意识、看齐意识。

做到"咬定青山不放松"。保持战略定力，需要有坚定的志向与顽强的毅力。我们这么大一个国家，就应该有雄心壮志。毛泽东同志说："夺取全国胜利，这只是万里长征走完了第一步。如果这一步也值得骄傲，那是比较渺小的，更值得骄傲的还在后头。在过了几十年之后来看中国人民民主革命的胜利，就会使人们感觉那好像只是一出长剧的一个短小的序幕。剧是必须从序幕开始的，但序幕还不是高潮。""我们不但善于破坏一个旧世界，我们还将善于建设一个新世界。"[1] 改革开放之初，虽然我们国家大、人口多、底子薄，面对重重困难和挑战，但我们对未来充满信心，设计了用 70 多年、分三步走基本实现社会主义现代化的宏伟蓝图，没有非凡的胆略、坚定的自信是作不出这样宏远的构想和决策的。40 多年来，我们咬定青山不放松，风雨无阻朝着这个伟大目标前进，逐步形成了从全面建成小康社会到基本实现现代化、再到全面建成社会主义现代化强国的战略安排，明确了实现中华民族伟大复兴的中国梦的奋斗方向。古人说："事者，生于虑，成于务，失于傲。"伟大梦想不是等得来、喊得来的，而是拼出来、干出来的。在这个千帆竞

---

[1]《毛泽东选集》第 4 卷，人民出版社 1991 年版，第 1439 页。

发、百舸争流的时代，我们绝不能有半点骄傲自满、固步自封，也绝不能有丝毫犹豫不决、徘徊彷徨，必须统揽伟大斗争、伟大工程、伟大事业、伟大梦想，勇立潮头、奋勇搏击。勇立潮头、奋勇搏击，就要要深入学习马克思列宁主义、毛泽东思想、邓小平理论、"三个代表"重要思想、科学发展观、习近平新时代中国特色社会主义思想，深入学习党的十八大以来党中央治国理政新理念新思想新战略，不断提高马克思主义思想觉悟和理论水平，保持对远大理想和奋斗目标的清醒认知和执着追求。坚持学而信、学而思、学而行，把学习成果转化为不可撼动的理想信念，用理想之光照亮奋斗之路，用信仰之力开创美好未来。坚持固本培元，把加强思想政治建设摆在首位，筑牢信仰之基、补足精神之钙、把稳思想之舵，坚定中国特色社会主义道路自信、理论自信、制度自信、文化自信，增强党的意识、党员意识、宗旨意识，坚守真理、坚守正道、坚守原则、坚守规矩，做到以信念、人格、实干立身。牢固树立中国特色社会主义理想信念，坚定永远跟党走的信念，坚决拥护社会主义制度，坚决拥护改革开放，始终做坚持中国道路的柱石。坚守共产党人精神家园，把改造客观世界和改造主观世界结合起来，切实解决好世界观、人生观、价值观问题，练就共产党人的钢筋铁骨，铸牢坚守信仰的铜墙铁壁，矢志不渝为中国特色社会主义共同理想而奋斗。坚定政治方向，站稳政治立场，严守政治纪律，加强党性锻炼，做到理论上清醒、政治上坚定、作风上清正，时刻保持共产党人的蓬勃朝气、昂扬锐气和浩然正气。

做到"一张蓝图绘到底"。保持战略定力，需要有高昂的斗志与拼搏的干劲。在近代以来漫长的历史进程中，中国人民经历了太多太多的磨难，付出了太多太多的牺牲，进行了太多太多的拼搏。现在，中国人民和中华民族在历史进程中积累的强大能量已经充分爆发出来了，为实现中华民族伟大复兴提供了势不可挡的磅礴力量。保持战略定力，就必须排除各种干扰和压力、战胜各种挑战和风险，以时不我待、只争朝夕的精神，坚定不移地为实现党中央确定的目标任务而奋斗。深刻领悟"两个确立"的决定性意义、切实增强"四个意识"，坚定"四个自信"，做到"两个维护"，严守政治纪律和政治规矩，风雨无阻向前走。自觉以更宽的视野、更高的格局、更广的胸怀、更宽的肩膀、更实的举措、更严的要求、更大的干劲，以"功成不必在我"的境界和"功成必定有我"的担当，坚持行动至上、马上就办，办出成效，取得胜利，在接续奋斗中焕发新气象，在攻坚克难中谋求新突破，在创新创优中施展新作为。坚持心想一处、劲使一处、力用一处，不忘初心，牢记使命，团结奋斗，拼搏进取，自觉书写改革发展的辉煌篇章。

二、既当改革促进派，又当改革实干家

习近平总书记强调指出，各地区各部门要牢固树立全局意识、责任意识，把抓改革作为一项重大政治责任，坚定改革决心和信心，增强推进改革的思想自觉和行动自觉，既当改革促进派，又当改革实干家，以钉钉子精神抓好改革落实，扭住关键、精准发力，敢于啃硬骨头，盯着抓、反复抓，直到抓出成效。[1]一分部署，九分落实。钉钉子精神，是改革者必备政治素质与工作作风，也是改革者应有责任担当与精神状态。以钉钉子精神抓改革落实，必须朝着既定目标方向，以真抓的实劲、敢抓的狠劲、善抓的巧劲、常抓的韧劲，一抓到底，抓出成效。

（一）坚持改革正确方向

钉钉子，首先要选准向、找准点、对准位，然后通过精准敲、用力

---

[1] 《习近平主持召开中央全面深化改革领导小组第二十一次会议强调　深入扎实抓好改革落实工作　盯着抓反复抓直到抓出成效》，《人民日报》2016 年 02 月 24 日。

敲、专心敲、持续敲，最终把钉子钉紧钉好。抓改革落实，也必须保持正确方向，坚定正确方向。

改革的方向至关重要。方向决定前途，道路决定命运。坚持什么样的改革方向、遵循什么样的改革原则，决定着改革的性质和最终成败。要把命运掌握在自己手中，就要有志不改、道不变的坚定。中国特色社会主义道路是当代中国大踏步赶上时代、引领时代发展的康庄大道，必须毫不动摇走下去。坚持以马克思列宁主义、毛泽东思想、邓小平理论、"三个代表"重要思想、科学发展观、习近平新时代中国特色社会主义思想为指导，坚持解放思想和实事求是有机统一。强化问题意识、时代意识、战略意识，用深邃的历史眼光、宽广的国际视野把握事物发展的本质和内在联系，紧密跟踪亿万人民的创造性实践，借鉴吸收人类一切优秀文明成果，不断回答时代和实践提出的新的重大课题，让当代中国的马克思主义、21 世纪的马克思主义放射出更加灿烂的真理光芒。

不能在根本问题上出现颠覆性失误。中国是一个大国，决不能在根本性问题上出现颠覆性错误，一旦出现就无法挽回、无法弥补。我们的立场是胆子要大、步子要稳，既要大胆探索、勇于开拓，也要稳妥审慎、三思而后行。坚持改革开放正确方向，敢于啃硬骨头，敢于涉险滩，敢于向积存多年的顽瘴痼疾开刀，切实做到改革不停顿、开放不止步。改革开放作为一场新的伟大革命，不可能一帆风顺，也不可能一蹴而就。今天，中国改革已进入攻坚期和深水区，改革和发展面临一系列突出矛盾和挑战，需要解决的问题格外艰巨。在改革开放这一决定当代中国命运的"根本性问题"上，要防止出现"颠覆性错误"，就必须高举中国特色社会主义伟大旗帜，坚持改革的正确方向，不为任何风险所惧，不为任何干扰所惑，既勇于冲破思想观念的障碍，又勇于突破利益固化的藩篱，以极大的政治勇气和政治智慧，全面深化改革，并在重要领域和关键环节的改革上取得决定性成果，形成系统完备、科学规范、运行有效的制度体系，特别是要在完善中国特色社会主义基本经济制度、维护宪法法律权威，建设社会主义法治国家、强化权力运行制约和监督体系、加强和改善党的领导等方面的改革中取得实质性的进展。只有建立起较为完善的中国特色社会主义制度，才能从根本上防止各种颠覆性错误影响中国改革的进程。

认准的路就要坚定走下去。道路问题是关系党的事业兴衰成败第一位的问题，找到一条正确的道路多么不容易，道路决定命运，道路就是党的生命。中国特色社会主义道路是实现我国社会主义现代化的必由之路，是创造人民美好生活的必由之路。中国特色社会主义，是科学社会主义理论逻辑和中国社会发展历史逻辑的辩证统一，是根植于中国大地、反映中国人民意愿、适应中国和时代发展进步要求的科学社会主义，是全面建设社会主义现代化国家、实现中华民族伟大复兴的必由之路。中国特色社会主义道路来之不易，必须坚定不移走下去。一个国家实行什么样的主义，关键要看这个主义能否解决这个国家面临的历史性课题。鞋子合不合脚，自己穿了才知道。一个国家的发展道路合不合适，只有这个国家的人民才最有发言权。在中华民族积贫积弱、任人宰割的时期，各种主义和思潮都进行过尝试，资本主义道路没有走通，改良主义、自由主义、社会达尔文主义、无政府主义、实用主义、民粹主义、工团主义等"你方唱罢我登场"，但都没能解决中国的前途和命运问题。是马克思列宁主义、毛泽东思想引导中国人民走出了漫漫长夜，建立了新中国，是中国特色社会主义使中国快速发展起来了。历史和现实都告诉我们，只有社会主义才能救中国，只有中国特色社会主义才能发展中国，这是历史的结论、人民的选择。中国特色社会主义，既坚持了科学社会主义的基本原则，又根据时代条件赋予其鲜明的中国特色。中国特色社会主义道路是在改革开放 40 多年的伟大实践中走出来的，是在中华人民共和国成立 70 多年的持续探索中走出来的，是在对近代以来 180 多年中华民族发展历程的深刻总结中走出来的，是在对中华民族 5000 多年悠久文明的传承中走出来的。中国特色社会主义，承载着几代中国共产党人的理想和探索，寄托着无数仁人志士的夙愿和期盼，凝聚着亿万人民的奋斗和牺牲。它是党和人民 100 多年奋斗、创造、积累的根本成就，是改革开放实践的根本总结，凝结着实现中华民族伟大复兴这个近代以来中华民族最根本的梦想，也体现着近代以来人类对社会主义的美好憧憬和不懈探索。改什么、怎么改必须以是否符合完善和发展中国特色社会主义制度、推进国家治理体系和治理能力现代化的总目标为根本尺度，该改的、能改的我们坚决改，不该改的、不能改的坚决不改。要坚持党的基本路线，把以经济建设为中心同坚持四项基本原则、坚持改革开放这两个基本点统一于新时代中国特色社会主义伟大实践，长期坚持，决不动摇。

（二）坚决维护改革大局

凡能成大事者，必能顾全大局。大局，是整个局面和整个形势以及由此带来的长远利益的走势。大局意识，是要善于从全局高度、用长远眼光观察形势，分析问题，善于围绕党和国家的大事认识和把握大局，自觉地在顾全大局的前提下做好本职工作。党的集中统一领导是最大的大局。推进全面深化改革，必须牢固树立高度自觉的大局意识，自觉从大局看问题，把工作放到大局中去思考、定位、摆布，做到正确认识大局，全面把握大局，自觉服从大局，坚决维护大局，始终将党的政治纪律和政治规矩挺在前面，正确处理局部与全局、个人与整体、当前与长远、暂时与永久的利益关系，始终将思想和行动统一到党中央对形势的分析判断和总体部署上来。

务必顾全大局。不谋全局者不足以谋一域，不谋万世者不足以谋一时。大局、全局是事物各个要素、各个部分及影响事物发展的各个环节、各方力量、各种态势等的总和。全局规定着各个局部的地位、作用和活动范围，协调各个局部之间的相互关系，从而使各个局部形成互相配合、协调一致的整体。全局活，前景阔。在党的历史上，但凡大局意识强的时候，全党上下就高度团结，党中央就有权威，党的事业就顺利向前发展。大局意识让中国共产党人心往一处想、智往一处谋、劲往一处使、力往一处合，团结带领全国人民在革命、建设和改革事业中不断从胜利走向胜利。早在党创立之初，党就明确提出："实行无产阶级革命与专政……都非有一个强大的共产党做无产阶级底先锋队与指导者不可。"党的二大通过的第一部党章明确规定"区或地方执行委员会及各组均须执行及宣传中央执行委员会所定政策，不得自定政策""中央执行委员会未发表意见时，区或地方执行委员会，均不得单独发表意见"等。党的七大将大会方针定为"团结一致，争取胜利"，体现了党对大局意识的高度重视。改革开放以来，党中央先后提出了"考虑任何问题都要着眼于长远，着眼于大局""议大事、抓大事，胸中要有全局""始终坚持服从和服务于改革发展稳定的大局"等新的大局观。党的十八大以来，习近平总书记多次深刻论及大局意识，并将其提升到新的高度，与政治意识、核心意识、看齐意识一起纳入"四个意识"之中，使之成为增强团结统一、凝聚发展动力的思想保证。比如，提出"国家好、民族好，大家才会好""把工作放到大局中去思考、定位、摆布，做到正确认识大局、自觉服从大局、坚决维护大局""善于'弹钢琴'，处理好局部和全局、当前和长远、重点和非重点的关系"等等。顾全大局，就应始终在党和国家这一大局下想问题、作决策、办事情，勇于担当、敢于负责；将这一大局牢牢记在心上、扛在肩上、抓在手上、落实在行动上；学会"弹钢琴"，既对各种矛盾做到心中有数，又能优先解决主要矛盾和矛盾的主要方面，以此带动其他矛盾的解决。自觉增强政治敏锐性和政治鉴别力，在思想上政治上行动上同以习近平同志为核心的党中央保持高度一致，坚决维护党中央权威，在重大政治原则上站稳立场。自觉跳出地方、部门利益的羁绊，无论什么时候、做什么事情，始终以党的事业为重、以百姓之心为心，做到局部利益服从整体利益，小道理服从大道理。始终保持昂扬的精神状态，敢于担当、恪尽职守，协同配合，抓住关键、攻坚克难，确保中央政令畅通、决策落地生根。

团结就是大局，大局中有力量。人心齐，泰山移。党的二十大报告强调指出，团结就是力量，团结才能胜利。全面建设社会主义现代化国家，必须充分发挥亿万人民的创造伟力。改革开放 40 多年来，正是因为党与人民风雨同舟，一起披荆斩棘，一起砥砺奋进，引领人民绘就了一幅波澜壮阔、气势恢宏的历史画卷，谱写了一曲感天动地、气壮山河的奋斗赞歌。面向未来，前进道路依然不平坦，"发展起来之后的问题不比发展时少"。但是，任何困难都阻挡不了一个得到亿万人民群众衷心拥护的政党团结带领人民奋勇向前的步伐。"众人同心，其利断金。"必须把团结作为做好全局工作的关键，用团结凝聚力量，自觉维护、巩固、加强与促进团结。邓小平指出："我们这么大一个国家，怎样才能团结起来、组织起来呢？一靠理想，二靠纪律。组织起来就有力量。"[1] 在实现中华民族伟大复兴的关键时刻，必须有把全体中国人民动员起来、组织起来、团结起来，形成万众一心、众志成城开创伟业局面，共同创造属于中国人民和中华民族幸福美好的未来。办好中国的事情，关键在党。越是任务繁重、矛盾多发、时势多变，越要用党的坚强领导保证团结。党的团结统一，是我们党的事业充满蓬勃活力、得到人民群众衷心拥护的重要前提。"对马克思主义、共产主义的信仰，对社会主义的信念，是共产党人精神上的的'钙'。没有理想信念，理想信念不坚定，精神上就会得'软骨病'"[2] 坚定理想信念，坚定共产党

---

〔1〕《邓小平文选》（第三卷），人民出版社 1993 年版，第 111 页。
〔2〕习近平：《坚定理想信念　补足精神之钙》，《求是》2021 年第 21 期。

人精神追求，始终是共产党人安身立命的根本。中国特色社会主义是当代中国发展进步的旗帜，也是当代中国全党和全国各族人民团结奋斗的旗帜。实现中国特色社会主义的宏伟事业，需要有一面旗帜把全国所有力量凝聚团结起来。必须用远大理想与共同理想凝聚全体中国人民，为实现中华民族伟大复兴的中国梦而奋斗。全党必须牢记，为什么人的问题，是检验一个政党、一个政权性质的试金石。带领人民创造美好生活，是我们党始终不渝的奋斗目标。必须始终把人民利益摆在至高无上的地位，让改革发展成果更多更公平惠及全体人民，朝着实现全体人民共同富裕不断迈进。只有始终把实现好、维护好、发展好最广大人民的根本利益作为最大责任，确保全体人民"幼有所育、学有所教、劳有所得、病有所医、老有所养、住有所居、弱有所扶"，才能使人民坚定自觉地跟党走，与党同心同德、同心同向、同心同行，这是党团结人民形成强大力量之所在。党的一切工作必须以最广大人民根本利益为最高标准。要坚持把人民群众的小事当作自己的大事，从人民群众关心的事情做起，从让人民群众满意的事情做起，带领人民不断创造美好生活。历史车轮滚滚向前，时代潮流浩浩荡荡。全党一定要自觉维护党的团结统一，保持党同人民群众的血肉联系，巩固全国各族人民大团结，加强海内外中华儿女大团结，团结一切可以团结的力量，齐心协力走向中华民族伟大复兴的光明前景。

做到严字当头。新形势下，我们党面临着许多严峻挑战，党内存在着许多亟待解决的问题。尤其是一些党员干部中发生的贪污腐败、脱离群众、形式主义、官僚主义等问题，必须下大气力解决。坚持严字当头、全面从严、一严到底，严格落实管党治党责任。贯彻新时代党的组织路线，坚持把政治标准作为第一标准，建设忠诚干净担当的高素质干部队伍，确保干部队伍政治上信得过、靠得住、能放心。所有党员、干部都要戒贪止欲、克己奉公，切实把人民赋予的权力用来造福于人民。

把家风建设摆在重要位置，廉洁修身，廉洁齐家，防止"枕边风"成为贪腐的导火索，防止子女打着自己的旗号非法牟利，防止身边人把自己"拉下水"。领导干部要带头转变作风、真抓实干，出真招、办实事、求实效，防止和克服形式主义、官僚主义。政治生态同自然生态一样，污染容易，治理不易。坚持无禁区、全覆盖、零容忍，坚决查处各类腐败案件，始终保持党同人民的血肉联系。全面从严治党的目的是更好促进事业发展，激励干部增强干事创业的精气神。坚持在选人用人上体现讲担当、重担当的鲜明导向，把敢不敢扛事、愿不愿做事、能不能干事作为识别干部、评判优劣、奖惩升降的重要标准，把干部干了什么事、干了多少事、干的事组织和群众认不认可作为选拔干部的根本依据，选拔任用敢于负责、勇于担当、善于作为、实绩突出的干部。加强党的政治建设，必须以永远在路上的坚定和执着，坚决把反腐败斗争进行到底，使我们党永不变质、永不变色。领导干部特别是高级干部要明大德、守公德、严私德，做廉洁自律、廉洁用权、廉洁齐家的模范。领导干部不仅要有担当的宽肩膀，还得有成事的真本领。既要大胆讲政治，又要善于讲政治；既要矢志抓发展，又要善于抓发展；既要勇于抓改革，又要善于抓改革；既要敢于直面矛盾和问题，又要善于化解矛盾和问题；既要有想干事、真干事的自觉，又要有会干事、干成事的本领。坚持勤俭办一切事业，坚决反对讲排场比阔气，坚决抵制享乐主义和奢靡之风。牢记全心全意为人民服务的根本宗旨，牢固树立正确政绩观，多做打基础、利长远的事，不搞脱离实际的盲目攀比，不搞劳民伤财的"形象工程""政绩工程"。以踏石留印、抓铁有痕的劲头抓下去，善始善终、善做善成，防止虎头蛇尾，让全党和全体人民来监督，让人民群众不断看到实实在在的成效和变化。坚持"老虎""苍蝇"一起打，既坚决查处领导干部违纪违法案件，又切实解决发生在群众身边的不正之风和腐败问题。全面推进惩治和预防腐败体系建设，把权力关进制度的笼子里，形成不敢腐的惩戒机制、不能腐的防范机制、不易腐的保障机制。

三、善于寻找改革切入点

改革开放在认识和实践上的每一次突破和发展，无不来自人民群众的实践和智慧。要鼓励地方、基层、群众解放思想、积极探索，鼓励不同区域进行差别化试点，善于从群众关注的焦点、百姓生活的难点中寻找改革切入点，推动顶层设计和基层探索良性互动、有机结合。切入点正改革顺，切入点准改革稳。善于寻找改革切入点，是全面深化改革的要求，也是完成改革任务的必备素质能力。在推进全面深化改革的伟大实践中，广大党员干部必须善于寻找改革切入点，准确找到改革切入点，充分发挥改革切入点作用。

（一）改革切入点往往在群众的智慧里

毛泽东同志讲："依靠民众则一切困难能够克服，任何强敌能够战胜，离开民众则将一事无成。""人民，只有人民，才是创造世界历史的动力。"邓小平同志说："离开群众经验和群众意见的调查研究，那么任何天才的领导者也不可能进行正确的领导。"[1] 习近平总书记强调指出，同人民风雨同舟、血脉相通、生死与共，是我们党战胜一切困难和风险的根本保证。离开了人民，我们就会一事无成。群众是真正的英雄，任何时候都不能忘记为了谁、依靠谁、我是谁，真正同人民结合起来。把坚持实事求是与坚持从群众中来、到群众中去紧密结合和统一起来，把对上级负责与对群众负责紧密结合和统一起来，深入基层了解情况，深入群众听取意见，使各项决策和各方面工作符合实际情况、符合客观规律、符合人民意愿。历史实践充分证明，解决问题的办法在群众

---

〔1〕《邓小平文选》（第一卷），人民出版社1994年版，第219页。

之中。好的方针政策都应该来自人民、顺应人民群众的意愿、符合人民群众的所思所想。寻找改革切入点，就应主动深入基层一线，同干部群众一起讨论问题，倾听群众呼声、体察民情民意，总结经验教训，研究提出破解难题、开拓进取的策略和路径。群众实践中蕴含着丰富智慧。只有相信群众、依靠群众，借助群众的力量和智慧，才能对各项改革作出科学判断，提出符合实际的建议和对策。善于总结群众的经验和创造，最大限度发挥和集中人民群众的聪明才智。

（二）改革切入点深藏在调查研究中

没有调查，就没有发言权。做领导工作的人要依靠自己亲身的调查研究去解决问题。调查就像"十月怀胎"，解决问题就像"一朝分娩"。凡是没有办法的时候，就去调查研究。要有正确的措施，就要做调查研究工作。没有调查研究，是不能产生正确的具体政策的。调查研究是谋事之基、成事之道。调查研究是做好领导工作的一项基本功，调查研究能力是领导干部整体素质和能力的一个组成部分。回顾我们党的发展历程可以清楚地看到，什么时候全党从上到下重视并坚持和加强调查研究，党的工作决策和指导方针符合客观实际，党的事业就顺利发展；而忽视调查研究或者调查研究不够，往往导致主观认识脱离客观实际、领导意志脱离群众愿望，从而造成决策失误，使党的事业蒙受损失。通过深入实际调查研究，把大量和零碎的材料经过去粗取精、去伪存真、由此及彼、由表及里的思考、分析、综合，加以系统化、条理化，透过纷繁复杂的现象抓住事物的本质，找出它的内在规律，由感性认识上升为理性认识，在此基础上作出正确的决策，这本身就是领导干部分析和解决问题本领的重要反映，也是领导干部思想理论水平和工作水平的重要反映。领导干部不论阅历多么丰富，不论从事哪一方面工作，都应始终坚持和不断加强调查研究。搞好调查研究，就应深入实际、深入基层、深入群众，多层次、多方位、多渠道地调查了解情况。既调查机关，又调查基层；既调查干部，又调查群众；既解剖典型，又了解全局；既到工作局面好和先进的地方去总结经验，又到困难较多、情况复杂、矛盾尖锐的地方去研究问题。坚持从群众中来、到群众中去，广泛听取群众意见。人民群众的社会实践，是获得正确认识的源泉，也是检验和深化我们认识的根本所在。领导干部进行调查研究，要放下架子、扑下身子，深入田间地头和厂矿车间，同群众一起讨论问题，倾听他们的呼声，体察他们的情绪，感受他们的疾苦，总结他们的经验，吸取他们的智慧。既听群众的顺耳话，也听群众的逆耳言；既让群众反映情况，也请群众提出意见。尤其对群众最盼、最急、最忧、最怨的问题更要主动调研，抓住不放，这样才能真正听到实话、察到实情、获得真知、收到实效。

（三）改革切入点遍布在伟大实践中

"不闻不若闻之，闻之不若见之，见之不若知之，知之不若行之。""纸上得来终觉浅，绝知此事要躬行。""人们要想得到工作的胜利即得到预想的结果，一定要使自己的思想合于客观的外界的规律性，如果未合，就会在实践中失败。""通过实践而发现真理，又通过实践而证实真理和发展真理。从感性认识而能动地发展到理性认识，又从理性认识而能动地指导革命实践，改造主观世界和客观世界。""实践、认识、再实践、再认识，这种形式，循环往复以至无穷，而实践和认识之每一循环的内容，都比较地进到了高一级的程度。""一切从实际出发，理论联系实际，实事求是，在实践中检验真理和发展真理。"这些至理名言，无不告诉我们实践的重要性。坚持理论联系实际的思想路线，坚持实践标准，我们党领导中国革命、建设、改革不断取得新的伟大胜利。党的十八大以来，以习近平同志为核心的党中央以巨大的政治勇气和高度的理论自觉，带领全党坚持解放思想、实事求是、与时俱进、求真务实，坚持实践是检验真理的唯一标准，从理论和实践的结合上系统回答了新时代坚持和发展什么样的中国特色社会主义、怎样坚持和发展中国特色社会主义这个重大时代课题，创立了习近平新时代中国特色社会主义思想，实现了马克思主义中国化的又一次历史性飞跃。在习近平新时代中国特色社会主义思想指导下，在党中央的坚强领导下，党和国家事业发生历史性变革，我国经济实力、科技实力、国防实力、综合国力进入世界前列，国际地位前所未有提升，党的面貌、国家的面貌、人民的面貌、军队的面貌、中华民族的面貌发生了前所未有的变化，我国社会主要矛盾发生了转化，中国特色社会主义进入新时代，我国发展进入了新的历史方位。在新时代要实现中华民族伟大复兴的中国梦，仍然需要自觉坚持党的思想路线，自觉坚持实践标准，坚持在实践中检验真理和发展真理，不断研究新情况，解决新问题，不断推进推进新时代中国特色社会主义伟大事业。坚持实践标准，以我们正在做的事情为中心，从我国改革发展的实践中发现新问题、提出新观点、拿出新举措。坚持问题导向，自觉在发现问题、研究问题、解决问题中推动改革。坚持不忘本来、吸收外来、面向未来，不断推进理论创新、制度创新、方法创新和基层工作创新。坚持理论创新与实践创新的有机结合，以实践创新推动理论创新，以理论创新指导实践创新。充分发挥历史的主动性和创造性，清醒认识世情、国情、党情的变和不变，永远要有逢山开路、遇河架桥的精神，锐意进取，大胆探索，敢于和善于分析回答现实生活中和群众思想上迫切需要解决的问题，不断深化改革开放，不断有所发现、有所创造、有所前进。

第十一讲　以改革创新引领
国家治理现代化

一、通过宪法改革为全面深化改革提供根本保障

（一）宪法与国家前途、人民命运息息相关

我国现行宪法可以追溯到 1949 年具有临时宪法作用的《中国人民政治协商会议共同纲领》和 1954 年一届全国人大一次会议通过的《中华人民共和国宪法》。这些文献都以国家根本法的形式和性质，确认了近代 100 多年来中国人民为反对内外敌人、争取民族独立和人民自由幸福进行的英勇斗争，确认了中国共产党领导中国人民夺取新民主主义革命胜利、中国人民掌握国家权力的历史变革。

1978 年，我们党召开具有重大历史意义的十一届三中全会，开启了改革开放历史新时期，发展社会主义民主、健全社会主义法制成为党和国家坚定不移的基本方针。就是在这次会议上，邓小平同志深刻指出："为了保障人民民主，必须加强法制。必须使民主制度化、法律

化，使这种制度和法律不因领导人的改变而改变，不因领导人的看法和注意力的改变而改变。"[1] 根据党的十一届三中全会确立的路线方针政策，总结我国社会主义建设正反两方面经验，深刻吸取十年"文化大革命"的沉痛教训，借鉴世界社会主义成败得失，适应我国改革开放和社会主义现代化建设、加强社会主义民主法制建设的新要求，制定了我国现行宪法。同时，宪法只有不断适应新形势、吸纳新经验、确认新成果，才能具有持久生命力。1988 年、1993 年、1999 年、2004 年，全国人大分别对我国宪法个别条款和部分内容作出必要的、也是十分重要的修正，使我国宪法在保持稳定性和权威性的基础上紧跟时代前进步伐，不断与时俱进。

党的十八大以来，以习近平同志为核心的党中央团结带领全党全国各族人民毫不动摇坚持和发展中国特色社会主义，创立了习近平新时代中国特色社会主义思想，推动中国特色社会主义进入了新时代。党的十九大在新的历史起点上对新时代坚持和发展中国特色社会主义作出重大战略部署，提出了一系列重大政治论断，确定了新的奋斗目标。新时代坚持和发展中国特色社会主义的新形势新任务要求我们，必须对我国宪法作出适当修改，由宪法及时确认党和人民创造的伟大成就和宝贵经验，更好发挥宪法对新时代坚持和发展中国特色社会主义的重大作用，广泛动员和组织全国各族人民为夺取新时代中国特色社会主义伟大胜利而奋斗。党的十九届二中全会审议通过《中共中央关于修改宪法部分内容的建议》，把党的十九大确定的重大理论观点和重大方针政策载入国家根本法，体现党和国家事业发展的新成就新经验新要求，为的就是更好发挥宪法的规范、引领、推动、保障作用，为实现"两个一百年"奋斗目标和中华民族伟大复兴的中国梦提供宪法保障。

2018 年 2 月 24 日，十九届中共中央政治局就我国宪法和推进全面

---

[1]《邓小平文选》（第二卷），人民出版社 1983 年版，第 146 页。

依法治国举行第四次集体学习。习近平总书记在主持学习时强调，决胜全面建成小康社会、开启全面建设社会主义现代化国家新征程、实现中华民族伟大复兴的中国梦，推进国家治理体系和治理能力现代化、提高党长期执政能力，必须更加注重发挥宪法的重要作用。要坚持党的领导、人民当家作主、依法治国有机统一，加强宪法实施和监督，把国家各项事业和各项工作全面纳入依法治国、依宪治国的轨道，把实施宪法提高到新的水平。

作为国家的根本法，宪法具有最高的法律地位、法律权威、法律效力，是治国安邦的总章程，是党和人民意志的集中体现，是党和国家事业发展的根本法治保障。只要宪法修改充分体现党的领导、人民当家作主、依法治国有机统一，充分体现党的主张和人民意志有机统一，就一定能推动宪法与时俱进、完善发展，为新时代坚持和发展中国特色社会主义提供有力宪法保障。

（二）通过修改宪法更好发挥宪法的规范、引领、推动、保障作用

党的十八大以来，以习近平同志为核心的党中央以前所未有的力度推进全面依法治国进程，坚持依法治国、依法执政、依法行政共同推进，坚持法治国家、法治政府、法治社会一体建设，坚持依法治国和以德治国相结合，坚持依法治国和依规治党有机统一，社会主义法治国家建设取得了历史性成就。实践充分证明，我国现行宪法具有显著优势、坚实基础、强大生命力，必须坚决维护、长期坚持、全面贯彻。修改宪法部分内容，把党和人民在实践中取得的重大理论创新、实践创新、制度创新成果上升为宪法规定，由宪法及时确认党和人民创造的伟大成就和宝贵经验，是为了更好发挥宪法的规范、引领、推动、保障作用，是实践发展的必然要求。

2018 年 3 月 11 日，十三届全国人大一次会议第三次全体会议，以 2958 票赞成，2 票反对，3 票弃权，投票表决通过了《中华人民共和国宪法修正案》。此次宪法修正案对我国现行宪法作出 21 条修改，其中 11 条同设立监察委员会有关。具体修改内容如下：1. 确立科学发展观、习近平新时代中国特色社会主义思想在国家政治和社会生活中的指导地位。创新、协调、绿色、开放、共享的新发展理念是党的十八大以来以习近平同志为核心的党中央推动我国经济发展实践的理论结晶，是习近平新时代中国特色社会主义经济思想的主要内容，必须长期坚持、不断丰富发展。把"新发展理念"写入宪法，有利于从宪法上确认这一重要理论成果，更好发挥其在全面建成小康社会进而在全面建设社会主义现代化国家新征程中对我国经济发展的重要指导作用。2. 调整充实中国特色社会主义事业总体布局和第二个百年奋斗目标的内容。3. 完善依法治国和宪法实施举措。4. 充实完善我国革命和建设发展历程的内容。5. 充实完善爱国统一战线和民族关系的内容。6. 充实和平外交政策方面的内容。7. 充实坚持和加强中国共产党全面领导的内容。8. 增加倡导社会主义核心价值观的内容。9. 修改国家主席任职方面的有关规定。10. 增加设区的市制定地方性法规的规定。11. 增加有关监察委员会的各项规定。

（三）新时代宪法修改的时代价值与实践意义

依法治国是党领导人民治理国家的基本方略，法治是治国理政的基本方式。宪法具有最高的法律地位、法律权威、法律效力，具有根本性、全局性、稳定性、长期性，是国家意志的最高表现形式。维护宪法尊严和权威，是维护国家法治统一、尊严、权威的前提，也是维护最广大人民根本利益、确保国家长治久安的重要保障。第十三届全国人民代表大会第一次会议，表决通过了宪法修正案草案。这是时代大势所趋、事业发展所需、党心民心所向，是推进全面依法治国、推进国家治理体系和治理能力现代化的重大举措，对更好发挥宪法在新时代坚持和发展中国特色社会主义中的重大作用，为实现"两个一百年"奋斗目标和中华民族伟大复兴的中国梦提供有力宪法保障，具有重大现实意义和深远历史意义。

中国特色社会主义进入新时代，这是我国发展新的历史方位。我国宪法必须随着党领导人民建设中国特色社会主义实践的发展而不断完善发展。这次宪法修改，根据新时代坚持和发展中国特色社会主义的新形势新任务，把党中央确定的重大理论观点和重大方针政策载入国家根本法，把党和人民在实践中取得的重大理论创新、实践创新、制度创新成果上升为宪法规定，体现了党和国家事业发展的新成就新经验新要求，必将更好地发挥宪法的规范、引领、推动、保障作用，在法治轨道上更好地坚持和发展中国特色社会主义。

习近平总书记指出，"维护宪法权威，就是维护党和人民共同意志的权威。捍卫宪法尊严，就是捍卫党和人民共同意志的尊严。保证宪法实施，就是保证人民根本利益的实现。"[1] 修改宪法是为了更好实施宪法，更好发挥宪法的国家根本法作用。全面贯彻实施宪法，是建设社会主义法治国家的首要任务和基础性工作。我们要以这次宪法修改为契机，把实施宪法摆在新时代全面依法治国的突出位置，采取有力措施加强宪法实施和监督工作，为保证宪法实施提供强有力的政治和制度保障，把依法治国、依宪治国提高到一个新水平。

翻开宪法序言，从站起来、富起来到强起来，中华民族伟大复兴的历程清晰可见。中国特色社会主义的伟大实践，在国家根本法上留下辉煌篇章。踏上新征程、奋进新时代，维护宪法作为国家根本法的权威地位，更好发挥宪法治国安邦总章程的作用，中国特色社会主义道路就一

---

〔1〕 习近平：《在中央人大工作会议上的讲话》，《求是》2022 年第 5 期。

定能越走越宽广，我们就一定能实现中华民族伟大复兴的中国梦。[1]

二、通过机构改革推进国家治理的深刻变革

（一）深化党和国家机构改革是时代的要求

2018 年 2 月 26 日至 28 日，党的十九届三中全会通过《中共中央关于深化党和国家机构改革的决定》和《深化党和国家机构改革方案》。同年 3 月，十三届全国人大一次会议批准国务院机构改革方案，中共中央印发《深化党和国家机构改革方案》，深化党和国家机构改革全面启动。党和国家机构职能体系是中国特色社会主义制度的重要组成部分，是我们党治国理政的重要保障。提高党的执政能力和领导水平，广泛调动各方面积极性、主动性、创造性，有效治理国家和社会，推动党和国家事业发展，必须适应新时代中国特色社会主义发展要求，深化党和国家机构改革。

2018 年 3 月 28 日，习近平总书记主持召开中央全面深化改革委员会第一次会议并发表重要讲话强调，深化党和国家机构改革全面启动，标志着全面深化改革进入了一个新阶段，改革将进一步触及深层次利益格局的调整和制度体系的变革，改革的复杂性、敏感性、艰巨性更加突出，要加强和改善党对全面深化改革统筹领导，紧密结合深化机构改革推动改革工作。深化党和国家机构改革，转变和优化职责是关键。要在改职责上出硬招，不光是改头换面，还要脱胎换骨，切实解决多头分散、条块分割、下改上不改、上推下不动的问题，确保党中央令行禁止。要在宏观管理、市场监管、教育文化、卫生健康、医疗保障、生态环保、应急管理、退役军人服务、移民管理服务、综合执法等人民群众

---

[1]   人民日报社论：《为民族复兴提供有力宪法保障》，载《人民日报》2018 年 03 月 11 日。

普遍关心的领域，重点攻坚、抓好落实。各地区各部门要主动对表、积极作为，结合机构改革，加快内部职责和业务整合。要统筹安排深化党和国家机构改革和各领域改革，既要通过机构改革推进各领域改革，又要在深化各领域改革中优化机构职责配置。深化党和国家机构改革涉及一批改革任务和分工的调整，要把同机构改革相关联的改革事项理清楚，确保各项改革任务责任明确、协同推进。

深化党和国家机构改革，必须坚持以习近平新时代中国特色社会主义思想为指导，适应新时代中国特色社会主义发展要求，坚持稳中求进工作总基调，坚持正确改革方向，坚持以人民为中心，坚持全面依法治国，以加强党的全面领导为统领，以国家治理体系和治理能力现代化为导向，以推进党和国家机构职能优化协同高效为着力点，改革机构设置，优化职能配置，深化转职能、转方式、转作风，提高效率效能，为开启全面建设社会主义现代化国家新征程、实现中华民族伟大复兴的中国梦提供有力制度保障。

深化党和国家机构改革，目标是构建系统完备、科学规范、运行高效的党和国家机构职能体系，形成总揽全局、协调各方的党的领导体系，职责明确、依法行政的政府治理体系，中国特色、世界一流的武装力量体系，联系广泛、服务群众的群团工作体系，推动人大、政府、政协、监察机关、审判机关、检察机关、人民团体、企事业单位、社会组织等在党的统一领导下协调行动、增强合力，全面提高国家治理能力和治理水平。

深化党和国家机构改革，是新时代坚持和发展中国特色社会主义的必然要求，是加强党的长期执政能力建设的必然要求，是社会主义制度自我完善和发展的必然要求，是实现党的奋斗目标、建设社会主义现代化国家、实现中华民族伟大复兴的必然要求。全党必须统一思想、坚定信心、抓住机遇，在全面深化改革进程中，下决心解决党和国家机构职能体系中存在的障碍和弊端，更好发挥我国社会主义制度优越性。

（二）机构改革是国家治理的深刻变革

机构改革是一场自我革命，是一场国家治理的深刻变革。党的十九届三中全会审议通过了《中共中央关于深化党和国家机构改革的决定》和《深化党和国家机构改革方案》，这是以习近平同志为核心的党中央站在党和国家事业发展全局，适应新时代中国特色社会主义发展要求作出的重大决策部署，是着眼实现全面深化改革总目标的重大制度安排，是推进国家治理体系和治理能力现代化的一场深刻变革，对于提高党的执政能力和领导水平，广泛调动各方面积极性、主动性、创造性，有效治理国家和社会，推动党和国家事业发展，都具有重大意义，也必将发挥重要作用。

党的二十届二中全会，审议通过了在广泛征求意见的基础上提出的《党和国家机构改革方案》。全会指出，党的二十大对深化机构改革作出重要部署，对于全面建设社会主义现代化国家、全面推进中华民族伟大复兴意义重大而深远。必须以习近平新时代中国特色社会主义思想为指导，以加强党中央集中统一领导为统领，以推进国家治理体系和治理能力现代化为导向，坚持稳中求进工作总基调，适应统筹推进"五位一体"总体布局、协调推进"四个全面"战略布局的要求，适应构建新发展格局、推动高质量发展的需要，坚持问题导向，统筹党中央机构、全国人大机构、国务院机构、全国政协机构，统筹中央和地方，深化重点领域机构改革，推动党对社会主义现代化建设的领导在机构设置上更加科学、在职能配置上更加优化、在体制机制上更加完善、在运行管理上更加高效。

党和国家机构职能体系是中国特色社会主义制度的重要组成部分，是我们党治国理政的重要保障。党的十八大以来，我们党紧紧围绕完善和发展中国特色社会主义制度、推进国家治理体系和治理能力现代化这个总目标全面深化改革。但也必须看到，面对新时代新任务提出的新要求，党和国家机构设置和职能配置同统筹推进"五位一体"总体布局、协调推进"四个全面"战略布局的要求还不完全适应，同实现国家治理体系和治理能力现代化的要求还不完全适应。比如，一些领域党的机构设置和职能配置还不够健全有力，保障党的全面领导、推进全面从严治党的体制机制有待完善；一些政府机构设置和职责划分不够科学，职责缺位和效能不高问题凸显，政府职能转变还不到位；一些领域权力运行制约和监督机制不够完善，滥用职权、以权谋私等问题仍然存在，等等。这些问题若不抓紧解决，将会影响到党中央确立的宏伟目标的实现，影响到党和国家事业的顺利发展。

"明者因时而变，知者随事而制。"在新时代，我们党要统揽伟大斗争、伟大工程、伟大事业、伟大梦想，就必须加快推进国家治理体系和治理能力现代化，努力形成更加成熟、更加定型的中国特色社会主义制度。这是摆在我们党面前的一项重大任务。我国发展新的历史方位，我国社会主要矛盾的变化，党的二十大描绘的新时代宏伟蓝图，迫切要求我们通过科学设置机构、合理配置职能、统筹使用编制、完善体制机制，使市场在资源配置中起决定性作用、更好发挥政府作用，更好推进党和国家各项事业发展，更好满足人民日益增长的美好生活需要，更好推动人的全面发展、社会全面进步、人民共同富裕。在这个意义上，深化党和国家机构改革这场推进国家治理现代化的深刻变革，必将推动我国经济社会发展发生深刻变化。

深化党和国家机构改革，是新时代坚持和发展中国特色社会主义的必然要求，是加强党的长期执政能力建设的必然要求，是社会主义制度自我完善和发展的必然要求，是实现党的奋斗目标、建设社会主义现代化国家、实现中华民族伟大复兴的必然要求。[1] 让我们紧密团结在以习近平同志为核心的党中央周围，统一思想、坚定信心、抓住机遇、锐意改革，下决心解决党和国家机构职能体系中存在的障碍和弊端，不断构建系统完备、科学规范、运行高效的党和国家机构职能体系，为全面建设社会主义现代化国家新征程、全面推进中华民族伟大复兴提供有力制度保障。

三、通过制度改革推动新时代改革开放走得更稳、走得更远

党的十九届四中全会系统总结了国家制度和国家治理体系多方面的显著优势，明确了坚持和完善中国特色社会主义制度、推进国家治理体系和治理能力现代化的指导思想、总体要求和目标任务。全会审议通过的《中共中央关于坚持和完善中国特色社会主义制度、推进国家治理体系和治理能力现代化若干重大问题的决定》，是新时代坚持和完善中国特色社会主义制度、推进国家治理体系和治理能力现代化的政治宣言和行动纲领，表明党对执政规律、社会主义建设规律、人类社会发展规律的认识和把握达到了新高度，为把国家制度优势转化为国家治理效能指明了前进方向，必将推动新时代改革开放走得更稳、走得更远。

党的二十届三中全会专门强调，要深化党的建设制度改革，以调动全党抓改革、促发展的积极性、主动性、创造性为着力点，完善党的建设制度机制。[2]

---

[1] 《推进国家治理现代化的一场深刻变革》，《人民日报》2018 年 03 月 01 日。
[2] 《中共中央关于进一步全面深化改革　推进中国式现代化的决定》，《人民日报》2024 年 07 月 22 日。

（一）以坚持和完善中国特色社会主义制度、推进国家治理体系和治理能力现代化为主轴

制度优势是一个国家的最大优势，制度竞争是国家间最根本的竞争。新中国成立以来，中华民族之所以能迎来从站起来、富起来到强起来的伟大飞跃，最根本的是因为党领导人民建立和完善了中国特色社会主义制度。中国特色社会主义制度，是经过革命、建设、改革长期实践形成的，是马克思主义基本原理同中国具体实际相结合的产物，是理论创新、实践创新、制度创新相统一的成果，凝结着党和人民的智慧，具有深刻的历史逻辑、理论逻辑、实践逻辑，植根中国大地、具有深厚中华文化根基、深得人民拥护，具有强大生命力和巨大优越性，能够持续推动中华民族实现第二个百年奋斗目标进而实现伟大复兴，是我们党和人民长期奋斗、接力探索、历尽千辛万苦、付出巨大代价取得的根本成就，必须倍加珍惜，毫不动摇坚持、与时俱进发展。

国家治理体系和治理能力，是一个国家制度和制度执行能力的集中体现。国家治理体系，是党领导下管理国家的制度体系，包括经济、政治、文化、社会、生态文明和党的建设等各领域体制机制、法律法规安排。国家治理能力，是运用国家制度管理社会各方面事务的能力，包括改革发展稳定、内政外交国防、治党治国治军等各个方面。国家治理体系和治理能力现代化，是完善和发展中国特色社会主义制度的必然要求，是实现社会主义现代化的应有之义。推进国家治理体系和治理能力现代化现代化，必须适应时代进步潮流和国家现代化总进程，既改革不适应实践发展要求的体制机制、法律法规，又构建新的体制机制、法律法规，使各方面制度更加科学、更加完善，以便更好地实现党、国家、社会各项事务治理制度化、规范化、程序化。

随着中国特色社会主义进入新时代，国家发展处于新的历史方位，

社会主要矛盾已经转化为人民日益增长的美好生活需要和不平衡不充分的发展之间的矛盾，国家治理面临许多新任务新要求。必须突出坚持和完善支撑中国特色社会主义制度的根本制度、基本制度、重要制度，着力固根基、扬优势、补短板、强弱项，构建系统完备、科学规范、运行有效的制度体系。必须紧密结合已经部署的各项改革任务，形成一体推动、一体落实的有效工作机制。要更加紧密地结合本地区本部门本单位实际，及时总结提炼行之有效的治理理念、治理方式、治理手段，推进制度创新和治理能力建设。

（二）把制度建设和治理能力建设摆到更加突出的位置

党的十九届四中全会系统总结国家制度和国家治理体系的发展成就和显著优势，目的就是推动全党全国各族人民坚定制度自信，使国家制度和国家治理体系多方面的优势更加充分地凸显出来。只有把制度建设和治理能力建设摆到更加突出位置，才能更加彰显制度优势，长期保持并不断增强这些优势，进而在新时代更好地坚持和完善中国特色社会主义制度、推进国家治理体系和治理能力现代化。现在，我们处于中华民族伟大复兴的关键时期。党要更好领导人民进行伟大斗争、建设伟大工程、推进伟大事业、实现伟大梦想，必须加快推进国家治理体系和治理能力现代化。党的十八大以来，党把制度建设摆到更加突出的位置，强调"必须以更大的政治勇气和智慧，不失时机深化重要领域改革，坚决破除一切妨碍科学发展的思想观念和体制机制弊端，构建系统完备、科学规范、运行有效的制度体系，使各方面制度更加成熟更加定型"。只有把制度建设和治理能力建设摆到更加突出的位置，我们党才能更好地带领全国人民一道完成这光荣而艰巨的历史使命。

经过改革开放40多年的努力，重要领域和关键环节改革成效显著，主要领域基础性制度体系基本形成，为推进国家治理体系和治理能力现代化打下了坚实基础。同时，也要看到，这些改革举措有的尚未完成，有的甚至需要相当长的时间去落实。新时代，只有把制度建设和治理能力建设摆到更加突出的位置，继续把改革开放推向前进，才能不断实现人民对美好生活的向往，创造中华民族新的更大奇迹，创造让世界刮目相看的新的更大奇迹。只有把制度建设和治理能力建设摆到更加突出的位置，继续把改革开放推向前进，持续解放和发展社会生产力，实现高质量发展和社会生产力水平新的跃升，才能不断解决发展不平衡不充分的问题。只有把制度建设和治理能力建设摆到更加突出的位置，继续把改革开放推向前进，才能不断坚持和发展中国特色社会主义道路、理论、制度、文化，为各项事业发展和人民生活水平提高提供根本保障。只有把制度建设和治理能力建设摆到更加突出的位置，继续把改革开放推向前进，才能不断提升我国国际地位和文化软实力，有效参与全球治理体系变革和建设，为构建人类命运共同体、解决人类问题贡献更多中国智慧、中国方案、中国力量。

（三）推动各方面制度更加成熟更加定型

制度更加成熟更加定型是一个动态过程，治理能力现代化也是一个动态过程，需要持续推进、与时俱进、坚定不移。推动各方面制度更加成熟更加定型，就必须做到13个"坚持和完善"：坚持和完善党的领导制度体系，提高党科学执政、民主执政、依法执政水平；坚持和完善人民当家作主制度体系，发展社会主义民主政治；坚持和完善中国特色社会主义法治体系，提高党依法治国、依法执政能力；坚持和完善中国特色社会主义行政体制，构建职责明确、依法行政的政府治理体系；坚持和完善社会主义基本经济制度，推动经济高质量发展；坚持和完善繁荣发展社会主义先进文化的制度，巩固全体人民团结奋斗的共同思想基础；坚持和完善统筹城乡的民生保障制度，满足人民日益增长的美好生活需要；坚持和完善共建共治共享的社会治理制度，保持社会稳定、维护国家安全；坚持和完善生态文明制度体系，促进人与自然和谐共生；坚持和完善党对人民军队的绝对领导制度，确保人民军队忠实履行新时代使命任务；坚持和完善"一国两制"制度体系，推进祖国和平统一；坚持和完善独立自主的和平外交政策，推动构建人类命运共同体；坚持和完善党和国家监督体系，强化对权力运行的制约和监督。

办好中国的事情，关键在党。推动各方面制度更加成熟更加定型，就必须始终坚持党的领导。中国共产党领导是中国特色社会主义最本质的特征，是中国特色社会主义制度的最大优势。这个最本质特征和最大优势，核心就在于坚定维护党中央权威和集中统一领导。党的建设发展实践证明，什么时候全党坚定维护党中央权威和集中统一领导，党的事业就不断取得胜利；离开了党中央权威和集中统一领导，党的领导就必然弱化，党的事业就必然遭受挫折。党的十八大以来，面对严峻复杂的国内外形势，我们之所以能战胜一系列重大风险挑战，推动党和国家事业取得历史性成就、发生历史性变革，根本的在于坚决维护习近平同志党中央的核心、全党的核心地位，坚决维护党中央权威和集中统一领导。中国特色社会主义进入新时代，我们比历史上任何时期都更接近、更有信心和能力实现中华民族伟大复兴，同时面临的环境更复杂、不确定性更大、风险挑战更多，坚定维护党中央权威和集中统一领导必须作为党的领导的最高原则，贯彻到全党的一切工作和活动中。

方向决定前途，道路决定命运。推动各方面制度更加成熟更加定型，就必须自觉坚持正确方向。坚持正确方向，国家经济社会就会取得巨大成就，在根本性问题上就不会出现颠覆性错误，人民群众生活水平就会得到极大提高。坚持正确方向，就必须坚持马克思主义指导地位，不断推进实践基础上的理论创新，不断回答时代和实践提出的新的重大课题，让当代中国马克思主义放射出更加灿烂的真理光芒。

第十二讲　不断增强党对进一步全面深化改革的领导能力

一、党是最高政治领导力量

中国特色社会主义最本质的特征是中国共产党领导，中国特色社会主义制度的最大优势是中国共产党领导，党是最高政治领导力量。历史充分证明，没有中国共产党就没有中国特色社会主义，中国特色社会主义是在党的领导下开创和发展起来的，也只有在党的领导下才能继续推进。进入新时代，面对风云变幻的国际局势，面对艰巨繁重的国内改革发展稳定任务，只有坚持和加强党的全面领导，才能成功应对重大挑战、抵御重大风险、克服重大阻力、解决重大矛盾，才能始终保持政治定力。

（一）党和国家的根本所在、命脉所在

坚持和完善党的领导，是党和国家的根本所在、命脉所在，是全国各族人民的利益所在、幸福所在。历史已经并将继续证明，没有中国共产党的领导，民族复兴必然是空想。

中国特色社会主义最本质的特征是党的领导。从近

代以来的中国历史看，中国社会遭遇数千年未有之大变局，遭遇了被帝国主义欺凌、羞辱的过程，人民颠沛流离、国家四分五裂。为救国救民，无数仁人志士在探寻中国走向独立富强的道路中有过很多设计，但都不能解决问题，只有中国共产党才真正肩负起带领人民谋求独立、解放和实现国家富强、人民幸福的历史重任。中国共产党进行了艰苦卓绝的新民主主义革命，带领人民建立了中华人民共和国，结束了半殖民地半封建社会的历史；经历了伟大的社会主义革命，确立了社会主义制度，推进了社会主义建设，完成了中华民族有史以来最为广泛而深刻的社会变革，为当代中国发展进步奠定了根本政治前提和制度基础；开启了改革开放新的伟大革命，破除阻碍国家和民族发展的一切思想和体制障碍，开辟了中国特色社会主义道路，使中国大踏步追赶上时代发展。中国共产党作为马克思主义政党，始终把实现共产主义作为奋斗目标，始终坚持全心全意为人民服务的根本宗旨。正是因为有了这一理论和实践都十分先进成熟的马克思主义政党的领导，才形成了中国特色社会主义道路、理论、制度、文化，才有了对中国特色社会主义道路、理论、制度、文化的自信。

中国特色社会主义制度的最大优势是党的领导。在当代中国，党的命运和社会主义的命运紧密联系在一起。党兴则社会主义兴，党强则社会主义强。改革开放以来，中国发生了翻天覆地的变化，根本原因就在于我们党始终高举中国特色社会主义旗帜。中国是一个大国，中国共产党是一个大党，大党治理社会主义大国，首先需要一个有权威的党中央，能够从全局角度观察问题、做出决策，并全面深入地加以落实。大党治理社会主义大国，必须善于综合协调、代表最广大人民群众的利益、有效解决人民内部矛盾等。大党治理社会主义大国，必须汇聚有限的资源和力量，集中力量解决党和国家、人民群众关心的热点、难点问题。由此，中国特色社会主义制度集中力量办大事、难事、好事的优势得以充分体现，中国在短短几十年时间内就取得了西方发达国家需要几百年才取得的发展成就。历史已经并将继续证明，只有共产党的领导，中国特色社会主义伟大事业才能取得成功，中华民族伟大复兴才能成为现实。

党是最高的政治领导力量。在当代中国，没有什么政治力量高于中国共产党，党是最高的政治领导力量。随着中国特色社会主义进入新时代，中华民族伟大复兴迎来了光明前景。然而，中华民族伟大复兴绝不是敲锣打鼓、轻轻松松就能实现的，在实现第二个百年奋斗目标的新长征路上，还有许多"雪山""草地"需要跨越，有许多"娄山关""腊子口"需要征服，特别是如何统筹推进"五位一体"整体布局、"四个全面"战略布局，贯彻新发展理念，实现高质量发展要求，这些都需要党谋篇布局、把握方向、化解矛盾、狠抓落实。从外部环境看，中国正在迈入由"富起来"走向"强起来"新的历史征程，全国人民正在党的领导下聚积新的力量再出发。中国的影响力越大，世界就会越关注中国。应该说，当前及今后我国和平发展面临的国际环境依然严峻复杂，一些国际因素还可能演变为局部的安全问题，影响中国国家总体安全。面对这些挑战，中国必须积极参与全球治理体系建设，与世界各国一道构建人类命运共同体。而要成功实现这一目标，最根本的一条，就是把党的最高政治领导力量变成应对一切外部和内部矛盾、风险和挑战的"定海神针"。当今世界，国与国的竞争既是实力的竞争，更是政治制度的竞争，也可以说是国家组织力量的竞争。中国共产党既是中国最高政治领导力量，也只有中国共产党才能领导中国为构建人类命运共同体贡献中国智慧、中国力量。

（二）深入推进新时代党的建设总要求

党的十九大报告指出，新时代党的建设总要求是：坚持和加强党的全面领导，坚持党要管党、全面从严治党，以加强党的长期执政能力建设、先进性和纯洁性建设为主线，以党的政治建设为统领，以坚定理想信念宗旨为根基，以调动全党积极性、主动性、创造性为着力点，全面推进党的政治建设、思想建设、组织建设、作风建设、纪律建设，把制度建设贯穿其中，深入推进反腐败斗争，不断提高党的建设质量，把党建设成为始终走在时代前列、人民衷心拥护、勇于自我革命、经得起各种风浪考验、朝气蓬勃的马克思主义执政党。党的二十大报告指出，我们要落实新时代党的建设总要求，健全全面从严治党体系，全面推进党的自我净化、自我完善、自我革新、自我提高，使我们党坚守初心使命，始终成为中国特色社会主义事业的领导核心。党章总纲规定，党的领导主要是政治、思想和组织的领导。这是我们党总结领导革命、建设和改革的历史经验特别是长期执政实践得出的基本结论。

把党的政治建设摆在首位。党的政治建设是党的根本性建设，决定党的建设方向和效果。保证全党服从中央，坚持党中央权威和集中统一领导，是党的政治建设的首要任务。全党要坚定执行党的政治路线，严格遵守政治纪律和政治规矩，在政治立场、政治方向、政治原则、政治道路上同党中央保持高度一致。要尊崇党章，严格执行新形势下党内政治生活若干准则，增强党内政治生活的政治性、时代性、原则性、战斗性，自觉抵制商品交换原则对党内生活的侵蚀，营造风清气正的良好政治生态。完善和落实民主集中制的各项制度，坚持民主基础上的集中和集中指导下的民主相结合，既充分发扬民主，又善于集中统一。弘扬忠诚老实、公道正派、实事求是、清正廉洁等价值观，坚决防止和反对个人主义、分散主义、自由主义、本位主义、好人主义，坚决防止和反对宗派主义、圈子文化、码头文化，坚决反对搞两面派、做两面人。全党同志特别是高级干部要加强党性锻炼，不断提高政治觉悟和政治能力，把对党忠诚、为党分忧、为党尽职、为民造福作为根本政治担当，永葆共产党人政治本色。

用习近平新时代中国特色社会主义思想武装全党。共产主义远大理想和中国特色社会主义共同理想，是中国共产党人的精神支柱和政治灵魂，也是保持党的团结统一的思想基础。要把坚定理想信念作为党的思想建设的首要任务，教育引导全党牢记党的宗旨，挺起共产党人的精神脊梁，解决好世界观、人生观、价值观这个"总开关"问题，自觉做共产主义远大理想和中国特色社会主义共同理想的坚定信仰者和忠实实践者。习近平新时代中国特色社会主义思想，是马克思主义中国化时代化最新成果，是党和人民实践经验和集体智慧的结晶，是全党全国人民为实现中华民族伟大复兴而奋斗的行动指南，必须长期坚持并不断发展。当前，我们正处在向第二个百年奋斗目标迈进的关键节点，比历史上任何时期都更接近实现中华民族伟大复兴的目标。同时也要看到，前进道路并不平坦，还需要时刻准备应对重大挑战、抵御重大风险、克服重大阻力、解决重大矛盾。科学理论是坚持正确方向、战胜艰难险阻的强大思想武器。只有坚持用习近平新时代中国特色社会主义思想武装头脑指导工作，才能更加坚定实现宏伟蓝图的信心，不断增强克服困难的勇气，努力把理论学习成果转化为推动经济社会发展的科学决策和有效举措，不忘初心、继续前进，创造无愧于时代、无愧于人民、无愧于历史的新业绩。

把党的组织建设搞坚强。我们党是按照马克思主义建党原则建立起来的，历来高度重视党的组织建设，形成了包括党的中央组织、地方组织、基层组织在内的严密组织体系。要坚持和加强党的全面领导，坚决维护党中央权威和集中统一领导，确保党中央定于一尊、一锤定音的权威，确保党员干部无论处在哪个领域、哪个层级、哪个单位、哪个组织，都牢固树立"四个意识"，在思想上政治上行动上同以习近平同志为核心的党中央保持高度一致。党的地方组织的根本任务是保证党中央决策部署贯彻落实，要切实做到有令即行、有禁即止。党组要贯彻落实党中央和上级党组织决策部署，发挥好把方向、管大局、保落实的重要作用。党的基层组织是党的肌体的"神经末梢"，要充分发挥战斗堡垒作用。每个党员特别是领导干部都要强化党的意识和组织观念，自觉做到思想上认同组织、政治上依靠组织、工作上服从组织、感情上信赖组织。

全面建设社会主义现代化国家、全面推进中华民族伟大复兴，关键在党。我们党作为世界上最大的马克思主义执政党，要始终赢得人民拥护、巩固长期执政地位，必须时刻保持解决大党独有难题的清醒和坚定。全党必须牢记，全面从严治党永远在路上，党的自我革命永远在路上，决不能有松劲歇脚、疲劳厌战的情绪，必须持之以恒推进全面从严治党，深入推进新时代党的建设新的伟大工程，以党的自我革命引领社会革命。我们要落实新时代党的建设总要求，健全全面从严治党体系，全面推进党的自我净化、自我完善、自我革新、自我提高，使我们党坚守初心使命，始终成为中国特色社会主义事业的坚强领导核心。

二、毫不动摇把党建设得更加坚强有力

中国特色社会主义进入新时代，我们党一定要有新气象新作为。进入新时代，伟大斗争，伟大工程，伟大事业，伟大梦想，紧密联系、相互贯通、相互作用，其中起决定性作用的是党的建设新的伟大工程。我们党要肩负起实现中华民族伟大复兴的历史使命，就必须深刻把握党的建设各项要求，毫不动摇坚持和完善党的领导，毫不动摇把党建设得更加坚强有力，确保党始终走在时代前列，始终成为全国人民的主心骨，始终成为坚强领导核心。

挺起新时代共产党人的精神脊梁。挺起共产党人的精神脊梁，彰显

着中国共产党人镌刻在中华民族近代史上的优秀政治品格。中华民族久经磨难，悲惨的历史、痛苦的记忆深刻在每一个中国人的心中。曾经的"东亚病夫""华人与狗不得入内""四万万人齐下泪，天涯何处是神州"的悲惨景象、"即将被开除球籍危险"的险恶境地，亿万华夏儿女流离失所、恶梦不断，华夏文明被肆意践踏、行将中断。在这样万分紧要的历史时刻，中国共产党人高举为中国人民谋幸福、为中华民族谋复兴的伟大旗帜，用"为有牺牲多壮志，敢叫日月换新天"的气吞山河的英雄气概谱写了惊天地、泣鬼神的历史篇章，让中国人民过上了幸福生活，让中华民族赶上了时代。在这样的历史奋斗进程中，中国共产党人锻造形成了诸多优秀政治品格，这些优秀政治品格是中国共产党人的精神特质，也是中华民族宝贵的精神财富。在全面建设社会主义现代化国家新征程上，中国共产党人更应彰显这些精神特质，挺起共产党人的精神脊梁。面对新时代新任务，挺起共产党人的精神脊梁，最集中、最具体、最直接的体现，就是要始终坚定中国特色社会主义道路自信、理论自信、制度自信、文化自信，做到"任尔东西南北风，咬定青山不放松"。

不断净化党内政治生态。全面净化党内政治生态，坚决纠正各种不正之风，以零容忍态度惩治腐败，不断增强党自我净化、自我完善、自我革新、自我提高的能力，始终保持党同人民群众的血肉联系。全面净化党内政治生态最根本的是要求全体党员都必须坚定政治信仰。坚定崇高的信仰信念，是我们党最根本的政治优势，也是全面从严治党的逻辑起点。要着力净化政治生态，营造廉洁从政良好环境。要深入推进反腐败斗争，下大气力拔"烂树"、治"病树"、正"歪树"，使领导干部受到警醒、警示、警戒。要加强对干部特别是党员领导干部的监督管理，彻底改变对干部失之于宽、失之于软现象。政治生态是检验我们管党治党是否有力的重要标尺。各级领导干部要把好用权"方向盘"，系好廉洁"安全带"，激浊扬清，扶正祛邪，自觉为营造风清气正的政治生态履职尽责、作出贡献。

历史充分证明，没有中国共产党就没有中国特色社会主义，中国特色社会主义是在党的领导下开创和发展起来的，也只有在党的领导下才能继续推进。进入新时代，面对风云变幻的国际局势，面对艰巨繁重的国内改革发展稳定任务，只有坚持和加强党的全面领导，我们才能成功应对重大挑战、抵御重大风险、克服重大阻力、解决重大矛盾，才能始终保持政治定力。

始终高举旗帜。从党的十一届三中全会作出把党和国家工作中心转移到经济建设上来、实行改革开放的历史性决策以来，中国人民的面貌、社会主义中国的面貌、中国共产党的面貌能发生如此深刻的变化，我国能在国际社会赢得举足轻重的地位，靠的就是坚持不懈推进改革开放。要牢牢把握社会主义初级阶段这个最大国情，牢牢立足社会主义初级阶段这个最大实际，更准确地把握我国社会主义初级阶段不断变化的特点，坚持党的基本路线，在继续推动经济发展的同时，更好解决我国社会出现的各种问题，更好实现各项事业全面发展，更好发展中国特色社会主义事业，更好推动人的全面发展、社会全面进步。要坚定不移高举改革开放的旗帜，坚定不移坚持党的十一届三中全会以来的理论和路线方针政策。具体地说，就是在党的领导下，通过全面深化改革，着力解决我国发展面临的一系列突出矛盾和问题，不断推进中国特色社会主义制度自我完善和发展。

坚持与时俱进。马克思主义具有与时俱进的理论品质，一个政党只有始终保持思想理论的先进性，才能始终充满蓬勃的生机和旺盛的活力，才能得到最广大人民群众的拥护，才能在历史舞台上有所作为。坚持和发展中国特色社会主义，必须高度重视理论的作用，增强理论自信和战略定力。在新的时代条件下，要进行伟大斗争、建设伟大工程、推进伟大事业、实现伟大梦想，仍然需要保持和发扬马克思主义政党与时俱进的理论品格，勇于推进实践基础上的理论创新。要在迅速变化的时代中赢得主动，要在新的伟大斗争中赢得胜利，就要在坚持马克思主义基本原理的基础上，以更宽广的视野、更长远的眼光来思考和把握国家未来发展面临的一系列重大战略问题，在理论上不断拓展新视野、作出新概括。

做到敢于担当。打铁还需自身硬。中国共产党是中国特色社会主义事业的领导核心，全面建设社会主义现代化国家、全面深化改革、全面依法治国就要坚持全面从严治党。全面从严治党，核心是加强党的领导，基础在全面，关键在严，要害在治。这为我们党指明了全面从严治党的切入点、关键点、侧重点和着力点，推进全面从严治党有了基本遵循。要以习近平新时代中国特色社会主义思想特别是习近平总书记关于党的自我革命的重要思想为指导，把敢不敢扛事、愿不愿做事、能不能干事作为识别干部、评判优劣、奖惩升降的重要标准，选拔任用敢于负责、勇于担当、善于作为、实绩突出的干部，积极营造敢为天下先、锐意进取、担当有为的氛围、不断推进强国建设、民族复兴的历史伟业。

三、不断提高党把方向谋大局定政策促改革的能力和定力

全面深化改革是有方向、有立场、有原则的。改革开放所取得的举世瞩目的成就，关键在于党的坚强领导。保证全面深化改革取得预期的成就，其前提是必须加强和改善党的领导，为全面深化改革提供坚强政治保证。加强和改善党的领导，是确保改革正确方向的根本。当前，全面深化改革面临的国际国内环境发生了深刻变化，在纷繁复杂的形势面前，在各种思想观念和利益诉求相互激荡下，必须沿着正确方向推进改革，坚持以人民为中心的发展思想，牢牢把握党对全面深化改革的领导

权和主动权。对此，党的二十届三中全会专门强调，要提高党对进一步全面深化改革、推进中国式现代化的领导水平。党的领导是进一步全面深化改革、推进中国式现代化的根本保证。必须深刻领悟"两个确立"的决定性意义，增强"四个意识"、坚定"四个自信"、做到"两个维护"，保持以党的自我革命引领社会革命的高度自觉，坚持用改革精神和严的标准管党治党，完善党的自我革命制度规范体系，不断推进党的自我净化、自我完善、自我革新、自我提高，确保党始终成为中国特色社会主义事业的坚强领导核心。[1]

（一）着力提高把方向、管大局的能力

方向决定道路，道路决定命运，方向问题至关重要。坚持什么样的改革方向，决定着改革的性质和最终成败。全面深化改革，涉及经济体制、政治体制、文化体制、社会体制、生态文明体制和党的建设制度改革，其广泛性、深刻性前所未有。随着我国发展面临的国际国内环境发生深刻复杂变化，各种思想文化相互激荡，各种矛盾相互交织，各种诉求相互碰撞，各种力量竞相发声，开出各式各样的"改革药方"，推进改革的敏感程度、复杂程度前所未有。在这种情况下，如何确保改革沿着有利于党和人民事业发展的方向前进，是党领导和推进改革必须解决的重大课题。

回顾40多年来的改革历程，改革之所以能够顺利推进并取得历史性成就，根本原因在于党始终坚持正确的改革方向和改革立场。2015年12月11日，习近平总书记在全国党校工作会议上强调，中国是一个大国，决不能在根本性问题上出现颠覆性错误，一旦出现就无法挽回、无法弥补。这里所说的颠覆性错误，就是指根本性、方向性错误。因此，

---

[1]《中共中央关于进一步全面深化改革　推进中国式现代化的决定》，《人民日报》2024年07月22日。

加强和改善党对全面深化改革的领导，必须把牢牢把握正确方向摆在第一位。

把握改革的正确方向，最终要体现到广大干部群众实际行动中，必须做好统一思想、凝聚共识的工作。要准确把握全面深化改革的总体思路、目标任务和重大举措，把思想和行动统一到中央精神上来。要增强进取意识、机遇意识、责任意识，牢牢把握正确方向，正确处理中央和地方、全局和局部、当前和长远的关系，正确对待利益格局调整，坚决维护中央权威，保证政令畅通，坚定不移实现中央改革决策部署。要加强对社会思潮和重大思想理论问题的引导，深入阐释全面深化改革的重大意义和方针原则，深入阐释中央关于全面深化改革的总体目标和重大部署，及时回应干部群众关心的思想认识问题，批驳错误观点，澄清模糊认识，为凝聚各方面共识、形成改革合力提供有力的舆论支持，确保改革健康发展。

（二）着力提高总揽全局、协调各方的能力

加强和改善党对全面深化改革的领导，必须落实领导责任。要把全面深化改革摆在更加突出的位置，按照总揽全局、协调各方的原则，切实发挥好领导核心作用。要根据中央的决策部署，制定本地区本部门改革的实施方案，明确路线图和时间表，及时解决改革中遇到的困难和问题，加强督促检查，精心组织实施，确保改革有领导、有步骤向前推进。

全面深化改革是一项复杂的系统工程，各项改革举措之间的关联性、耦合性要求非常高。任何一个领域的改革都会牵动其他领域，同时也需要其他领域密切配合。如果各领域改革不配套，各方面改革措施之间互相牵扯，甚至互相抵触，改革就很难推进下去，即使勉强推进，效果也会打折扣。必须站在全局的高度科学谋划改革方案和具体举措，加

强统筹协调，更加注重改革的系统性、整体性、协同性，坚持加强顶层设计和摸着石头过河相结合、整体推进和重点突破相促进，确保各项改革相互配合、协同推进。抓住事关全局、牵一发而动全身的重点领域和关键环节，力求取得突破，牵引和带动其他各方面改革。

（三）着力提高领导班子和基层党组织建设能力

全面深化改革的各项部署，需要各级党组织团结带领广大人民群众去实施。必须以改革创新精神加强和改进党的建设，把各级党组织建设得更加坚强有力，充分发挥领导核心和战斗堡垒作用。党的二十大新修订的《中国共产党章程》指出，全面贯彻习近平新时代中国特色社会主义思想，以组织体系建设为重点，着力培养忠诚干净担当的高素质干部，着力集聚爱国奉献的各方面优秀人才，坚持德才兼备，以德为先、任人唯贤，为坚持和加强党的全面领导，坚持和发展中国特色社会主义提供坚强组织保证。

各级领导班子是一个地方、一个单位的领导核心，在推进改革中承担着特别重要的责任。必须加强和改进各级领导班子建设，不断提高领导班子和领导干部推动改革能力。加强领导班子思想政治建设，进一步坚定理想信念，增强道路自信、理论自信、制度自信、文化自信。进一步解放思想，增强改革创新意识，树立自我革新的勇气和胸怀，克服因循守旧、畏葸不前的思想障碍，敢于啃硬骨头，敢于涉险滩，以更大的决心冲破思想观念的障碍、突破利益固化的藩篱。各级领导干部要作学习的表率、改革的表率，以时不我待的精神加强学习和实践，增强全球思维和战略眼光，丰富科学知识储备，努力使自己成为政策水平高、专业能力强、实践经验多、善于领导改革开放的行家里手。

改革越是向纵深推进，越要充分发挥基层党组织的战斗堡垒作用。必须创新基层党建工作，健全党的基层组织体系。加强基层服务型党组织建设，把基层党组织的工作重心转到服务改革、服务发展、服务民生、服务群众、服务党员上来，多提供"适销对路"的服务，帮助解决群众关心的切身利益问题。高度重视基层党组织带头人队伍建设，采取各种方式，把那些党性强、能力强、改革意识强、服务意识强的人充实到基层领导岗位上来。加强党员队伍建设，健全党员立足岗位创先争优长效机制，健全党员联系服务群众机制，改进对流动党员管理，引导广大党员积极投身改革事业，为全面深化改革作出积极贡献。

要以提升组织力为重点，突出政治功能，健全基层组织，优化组织设置，理顺隶属关系，创新活动方式，扩大党的组织覆盖和工作覆盖，充分发挥基层组织的战斗堡垒作用，圆满完成党章规定的各项任务。要坚持抓好企业、农村、机关、学校、医院、科研院所、街道社区、社会组织等各领域党建工作，推动基层党组织全面进步、全面过硬。

要强化政治引领，构建党组织统一领导、各类组织积极协同、广大群众广泛参与的基层治理体系，充分发挥党的群众工作优势和党员先锋模范作用，把党员群众和各类组织团结凝聚在党的领导和中国特色社会主义旗帜下统一行动，把服务群众、造福群众作为基层治理的出发点和落脚点，通过不断增强人民群众的获得感幸福感安全感，赢得群众对党的信任和拥护。

结束语　坚持以思想解放进一步深化改革开放

习近平总书记指出："价值先进、思想解放，是一个社会活力的来源""改革开放的过程就是思想解放的过程"。党的二十大报告阐述了前进道路上必须牢牢把握的重大原则，坚持深化改革开放是其中之一。党的二十届三中全会对进一步全面深化改革、推进中国式现代化进行了深入谋划和部署，并强调改革开放的重要性，将其视为当代中国最鲜明的精神标识。站在新的历史起点上，进一步全面深化改革、推进中国式现代化是一项前无古人的开创性事业。我们必须进一步解放思想，不断开创改革开放新局面，以深化改革开放激发发展新活力，加快推进强国建设、民族复兴伟业。

改革开放是决定当代中国命运、实现中华民族伟大复兴的关键一招。以中国式现代化全面推进中华民族伟大复兴，要求我们进一步冲破思想观念的束缚、突破利益固化的藩篱，破除各方面体制机制弊端，不断深化改革开放。思想不解放，就难以看清各种利益固化的症结所在，就难以找准深化改革开放的突破方向和着力点，就难以迈开前进的步子。党的十八大以来，习近平总书记围绕解放思想作出一系列重要论述，强调"我们必须解放思想、实事求是、与时俱进，坚定不移推进理论创新、实践创新、制度创新以及其他各方面创新，让党和国家事业始终充满创造活力、不断打开创新局面""要弘扬改革创新精神，推动思想再解放改革再深入工作再抓实，凝聚起全面深化改革的强大力量，在新起点上实现新突破"。习近平总书记的重要论述，为我们坚持以思想解放推进改革开放指明了前进方向、提供了根本遵循，推动党员干部进一步焕发历史主动精神、历史创造精神，不断解放思想、锐意进取、大胆探索、勇于创新。

思想是行动的先导，思想理念的变革是经济社会发展的先导性力量。坚持以思想解放推进改革开放，必须掌握科学理论，提升思维能力。当前，世界百年未有之大变局加速演进，我国发展进入战略机遇和风险挑战并存、不确定难预料因素增多的时期。面对前进道路上各种可以预见和难以预见的狂风暴雨、惊涛骇浪，随时可能发生的"黑天鹅""灰犀牛"事件，如果眼界不宽、知识不够、思想僵化，"身体进入新时代、思想停在过去时"，在风险挑战面前就可能进退失据，丧失应变识变求变、战胜艰难险阻的主动性。党员干部必须学深悟透习近平新时代中国特色社会主义思想，坚持好、运用好贯穿其中的立场观点方法，积极运用党的创新理论研究新情况、解决新问题、总结新经验、探索新规律，不为陈旧观念所缚，不为思维定势所困，当解放思想的先行者；立足实践发展、适应时代变化，勤于思考、善于创新、勇于求变，把"敢"和"干"的劲头调动起来，把"闯"和"创"的精神激发出来，提出防范化解各种风险挑战的新思路新办法新举措，在坚持改革开放中创造新的发展机遇。

解放思想是我们适应新形势、认识新事物、完成新任务的思想武器。实践发展永无止境，解放思想永无止境，改革开放也永无止境。新征程上，我们要不断解放思想，深入推进改革创新，坚定不移扩大开放，着力破除深层次体制机制障碍，充分调动各方面推进改革开放的积极性、主动性、创造性，把激发创新活力同凝聚奋进力量结合起来，让解放思想和改革开放相互激荡、观念创新和实践探索相互促进，不断增强社会主义现代化建设的动力和活力，将我国制度优势更好转化为国家治理效能，努力创造无愧于党、无愧于人民、无愧于时代的业绩。

后　记

　　改革开放是中国的第二次革命，是决定当代中国命运的关键一招。党的十八大以来，以习近平同志为核心的党中央高举改革开放旗帜，以更大的政治勇气和政治智慧推进改革，用全局观念和系统思维谋划改革，推动新一轮改革大潮涌起。党的十八届三中全会对全面深化改革进行总体部署，吹响了改革开放新的进军号。党的二十大提出，我们以巨大的政治勇气全面深化改革，许多领域实现历史性变革、系统性重塑、整体性重构，中国特色社会主义制度更加成熟更加定型，国家治理体系和治理能力现代化水平明显提高。党的二十届三中全会对进一步全面深化改革、推进中国式现代化进行了深入谋划和部署，并强调了改革开放的重要性，将其视为当代中国最鲜明的精神标识。

　　本书以习近平新时代中国特色社会主义思想为指导，以改革开放40多年来的光辉历程为背景，以新时代全面深化改革战略布局为主题，系统梳理了党的十八大以来全面深化改革取得的历史性成就和发生的历史性变革，深刻阐述了在新时代新征程坚持全面深化改革的重要意义、思想精髓、丰富内涵和实践要求等，对于广大党员干部和读者系统了解改革开放的历史进程，深入把握全面深化改革战略布局的核心要义，以中国式现代化全面推进强国建设、民族复兴伟业具有一定的帮助参考作用。

本书由秦强、乔如正合作完成。具体分工如下（按章节撰写顺序）：

秦强：前言、第一讲、第二讲、第三讲、第四讲、第五讲、第十一讲、后记；

乔如正：第六讲、第七讲、第八讲、第九讲、第十讲、第十二讲。

本书在写作过程中参考了专家学者的观点和论述，限于本书体例没有一一列出，在此表示致歉和感谢。由于写作者理论水平有限，实践经验不足，本书的错误纰漏之处在所难免，对此恳请广大读者批评指正。

2024 年 7 月